JN439342

돌아가는 길

김학구 수상집

교음사

책 머리에

삶은 시간 여행입니다.

주어진 시간 동안 우리는 여행객이 되어 알 길 없는 누리를 떠돌게 됩니다.

생명력과 아름다움이 넘쳐나는 꽃길을 걷기도 하고, 끝이 보이지 않는 컴컴한 계곡을 두려움 속에 지나기도 합니다. 갖가지 여로에서 얻은 사연들은, 서로 다른 색실이 한 몸으로 어우러진 것처럼 알록달록한 띠를 이룹니다. 그것이 인생이란 매듭이겠지요.

꿈과 바람으로 가득한 봄날을 꿈꾸던 시절이 있었습니다. 고뇌라는 깃을 달고 언제 끝날지 모를 방황의 늪에서 헤어나지 못하던 청춘 시절도 있었습니다. 손사래 쳐도 거세게 밀쳐오는 현실이란 벽 앞에서 길을 잃은 채, 기억 저편에서 한숨짓는 세월의 외침을 아예 눈감아 버리기까지 했습니다.

인생 해시계가 그림자 따라 기울어 가면서, 언제부턴가 쉼 없이 마음의 문을 두드리는 소리가 있음을 깨우치게 되었습니다. 에둘러 지나온 발자취가, 나누지 못한 사연을 아쉬워하며 수도 없이 흔들어대는 손짓도 보았습니다.

비로소 속 깊은 깨달음이 왔습니다. 잊고자 해서 잊히는 것이 아니라는 사실을. 숨기고자 한다고 감춰지지 않음을.

돌아가는 길 ···

인생 항로는 이렇듯, 갈무리하지 못한 아쉬움으로 물들어 있는 지난날 오솔길로 다시 돌아가는 것은 아닐는지요. 얼레에 세월을 감고, 추억을 간직한 어둑한 보물 창고 속에서 숨죽이며 건드려지길 손꼽아 기다리던 기억들을, 더 버려두면 안 된다는 자각이 왔습니다. 조각조각으로 남아 소원했던 세월의 나이테를 이제는 품 안에 보듬고, 그루터기에서 새싹이 돋듯, 이루지 못한 실마리를 한 올씩 마저 풀어가야 하겠습니다.

심신이 지친 채로 외줄 타듯 출렁거리던 시절, 운명처럼 다가와 손을 맞잡아 주고 옆자리를 지켜준 아내가 고맙습니다.

이 세상에 결 고운 무지개처럼 찾아와 흐릿하던 내 눈길을 밝혀주고, 지지 않을 기쁨이 되어준 딸, 다래와 아들, 경록이에게도 한 움큼 기억될 수 있는 추억거리가 되길 바라봅니다.

아울러, 적지 않은 시간 동안 소중한 만남으로 함께할 수 있었던 이명재 교수님, 이웅재 교수님과 따뜻한 둥지를 지어 품어주신 '이음새 문학회' 동인들께 저물지 않을 감사와 사랑을 보냅니다.

2017년 9월, 쪽빛 하늘을 우러르며

김학구

| 김학구 수상집 |

돌아가는 길

1부 돌아가는 길

2부 내 마음의 강

3부 아내의 눈물

4부 철새 따라 하기

1

돌아가는 길

그리움의 또 다른 이름

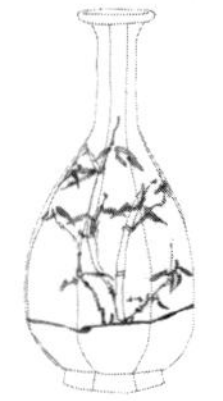

끝자락을 알 수 없이 연일 빗줄기가 계속되고 있다. 장마철도 아닐 때 볼썽사납게 쏟아지는 빗줄기를 바라보며 눈이 자꾸 창밖으로 향한다. 직장 앞마당에는 내 오랜 친구가 서 있다. 1992년 산産 승용차이다. 벌써 19년 이상을 동고동락해 온 녀석이다. 심한 비바람이나 눈보라 속에서도 불평 없이, 늘 그 자리에 선 채 나와의 눈맞춤만을 기다리고 있다. 세월 따라 정이 들어서인지 이제는 거의 한 가족처럼 마음이 쓰이고, 빗속에서 소리 없이 눈물을 떨구고 있는 모습이 안쓰럽기 그지없다.

사람이든 물건이든 오랜 시간을 같이하다 보면 미운 정, 고운 정이 다 들고 특별히 분신처럼 느껴지는 것도 있는 법이다. 내게는 자동차가 그러하다. 주변에서는 왜 아직도 그 똥차를 끌고 다니느냐, 그 나이에는 적어도, 이런저런 차 정도는 타야 하지 않느냐고 농을 던지기기도 한다. 심지어 내 아이들조차 타기를 꺼리는 눈치가 역력하지만, 나는 쉽게 결단을 내리지 못하고 지금껏 지냈다.

한번은 집으로 퇴근하려는데 시동이 걸리지 않았다. 보험사 서비스를 불렀지만, 원인을 잡아내지 못하여 부득이 견인차를 불러야 했다. 앞뒤가 바뀐 채 엉거주춤한 자세로 매달려오는 녀석을 가끔 뒤돌아보자니, 마음이 불편하기 짝이 없었다. 그런 마음을 아는지 모르는지, 초로의 기사 양반은 두런두런 말을 건네 온다.

"몇 년이나 타셨습니까?", "얼마나 뛰셨어요?" 하며 나이든 친구의 이력을 가늠하고 있다는 듯 연이은 질문을 던진다. "19년쯤요, 10만 킬로가 채 안 됩니다." 하자 동그랗게 토끼 눈을 하더니 이내 껄껄 웃는 것이었다. 그러면서 덧붙이는 말이 걸작이다.

"타는 김에 더 타세요. 혹시 압니까? 그 회사에서 오래 탄 기념이라고 새 차로 바꿔 줄는지요."

이번에는 내가 웃었다.

나는 이상하게도 어릴 적부터 사람이든 물건이든 한번 관계를 맺으면 쉽게 정리하지 못하는 애착증 같은 것이 있었다. 친구도 한번 사귀면 쉽게 정리를 하지 못해 청소년기에는 많은 고뇌의 시간을 겪었다. 어린 시절부터 소중하게 간직하고 있었던 소지품이나 책, 시집, 레코드, 편지, 일기장 등을 무슨 보물이라도 되는 양 쌓아두고, 이사 때마다 힘겹게 끌고 다녔다. 돌이켜보면, 이러한 애착증은 병약했던 어린 시절에 기인하는 듯하다. 가까이 의지하여 보호받고자 하는 본능에서 보이지 않게 형성되어 온 것이라는 추측을 해 본다. 어렸을 적, 뭘 제대로 먹지도 못했지만, 기껏 먹고 나서는 꾸역꾸역 토하거나 밤새도록 배앓이를 해서 잠조차 제대로 잘 수가 없었던 일. 정말이지 죽을 만큼 아파서 부모님의 속을 무던히도 썩여 드렸다.

성인이 되고 특히, 험한 군대 생활을 거치면서 이런 모습에 많은 변화를 가져오기는 했다. 한편으로는 내가 집에 없는 동안 몇 차례 이사로 인하여, 그동안 모아두었던 많은 보물(?)들이 어디론가 유실되어 버린 탓도 있었으리라. 그러나 생존만이 최우선이었던 절박한 군 생활을 통해서, 원한다고 모든 것이 지켜지는 게 아니라는 것을 체득하는 기회가 되기도 했다. 무엇을 간직하고 산다는 것이 때에 따라서는 삶의 무게만 더하는 짐이 될 수도 있다는 생각을 하게 되면서, 그래도 예전보다 많이 희석되기는 했다. 그렇다고 한 번 각인된 의식은 쉽게 사라질 수가 없는 일인가 보다. 결혼한 지 한참 세월이 흘렀건만, 그 당시 맞춰 입었던 양복과 코트 대부분이 아직도 장롱 속에 모셔져 있으니 말이다. 더러는 세월 따라 소매가 해어지고 안감이 너덜거리는 것도 있지만, 바늘로 꿰매서까지 가끔 입고 다닌다.

2002년은 한·일 월드컵으로 온 세상이 들썩들썩했었다. 그러나 내게는 사랑하는 어머니와 이별했던 서글픈 한 해였다. 오랫동안 병중에 계시던 상황이었는데 막상 돌아가셨다는 연락을 받고서, 도무지 수습되지 않는 황량한 마음으로 달려갔다. 그 와중에도 머릿속에는 끊임없이 어머니와 함께했던 어린 시절 모습이 반추되다가, 가슴을 꽉 메우는 한 장면으로 고정되었다.

초등학교 저학년 시절, 학교에 갔다가 돌아왔는데 어머니가 집에 계시지 않을 때면 집안이 온통 서먹했다. 그 불안함에 까닭 모를 두려움과 형용하기 어려운 무력감이라니. 그럴 때면 나는 으레 벽에 걸려 있던 어머니의 치마를 코에 갖다 대고, 포근한 향기를 맡고, 또 맡으며 어머니가 돌아오시기를 기다리곤 했다.

병치레를 많이 하다 보니 나는 상대적으로 어머니를 독점하다시피 하고 거의 어머니 치맛단을 잡고 꽁무니를 쫓아다녔다. 두 살 위 누나나 네 살 위의 형은 어린 시절을 함께 보내며 나에 대한 부모님의 쏠림에 시샘과 섭섭함이 적지 않았을 터다.

명절 때가 되어 손님 치를 준비로 여념이 없던 와중에도 이런 모습은 달라지지 않았다. 일손을 도우려고 오신 동네 아낙 중 연만하신 할머니들은 이런 나를 보시고, "요런 암사내 같은 녀석!" 하며 반 장난삼아 호통하셨는데, 그 뜻도 모른 채였지만 나는 개의치 않고 결사적으로 어머니에게 매달렸다. 심지어는, "사내 녀석이 부엌 출입하면 고추 떨어진다!"고 놀려대도 아랑곳하지 않았다. 그런 내 모습이 성가시지도 않았는지 어머니는 짐짓 모르는 척하면서, 나 볼세라 얼굴을 돌리고는 살며시 미소를 지으셨다. 나는 그런 어머니 모습을 얼핏 훔쳐보며 적이 안심을 하면서, 그 미소를 가슴에 담아 두었었다.

내 애착증의 처음과 끝은 가슴 속 깊이 간직되어 있던 어머니와의 교감에서 싹튼 것이 분명해 보인다. 지금도 어머니를 회상하게 되면 그 장면이 눈앞에 있는 듯 선하다. 그러다 보면 물밀듯이 어머니에 대한 그리움이 솟구치고 이내 콧날이 시큰해진다.

애착증, 이것은 그리움의 또 다른 이름이 아닐까. 그토록 집요하게 간직하고자 했던 마음이 이렇게 그리움으로 남겨져 있으니 말이다. 아무리 나이가 들어가고 머리 위에 허옇게 서리가 내린다 해도, 이 '어른아이' 같은 나의 모습은 크게 달라질 것 같지 않다. 오히려 시간이 흘러갈수록 그리움은 더 큰 목마름으로 남아 있지는 않을까.

줄기찬 빗줄기를 견디며 눈물을 훔치는 저 녀석을 애처롭게 바라보면서 나는 자애로운 어머니의 미소 짓는 얼굴을 그려 본다. 어머니는 지금의 내 심정과는 비교할 수 없을 만큼 깊디깊게 나를 가슴에 품으셨을 것이다. 지금 이 순간에도 막아낼 수 없는 그리움이 밀려온다. 저 쏟아붓는 빗줄기 속에 어머니가 미소를 머금고 서 계신 듯도 하다.

(『한국수필』. 2012. 1월호)

서리풀 공원을 거닐며

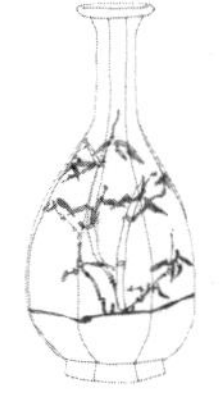

틈이 나는 대로 내가 산책하러 가는 데가 있다. '서리풀 공원'이다. 대법원 청사 옆길 쪽에 있는 야트막한 동산인데, 도심에서는 좀처럼 보기 드문 녹지 공간이다. 군사 시설이 한쪽에 들어서 있고, 일부는 어느 가문의 종중 땅과도 연결되어 있어서 비교적 자연이 잘 보존되어 있다. 한때는 관리권 문제로 서초구청과 해당 문중 사이에 다툼이 야기되었던 곳이다.

지금은 원만히 해결되었는지 출입을 제한하던 차단물도 철거되고, 가까이 사는 주민들에게는 휴식을 만끽할 수 있는 쉼터가 되었다. 지자체별로 주민들을 위한 다양한 문화, 복지 사업에 각별한 관심을 기울이고 있기 때문인지, 이곳도 최근에는 놀라운 모습으로 달라졌다.

사람과 교통이 넘쳐나면서 산허리가 흉하게 잘

려나간 경우가 많았는데, 조경을 하고 끊겼던 길도 다시 이으려고 노력을 하는 걸 보면 여간 다행스러운 일이 아닐 수 없다. 환경을 잘 가꾸려는 노력은 아무리 해도 지나침이 없을 것이다. 구청에서는, 한강 변에서부터 이 공원을 거쳐 남부순환로가 지나는 우면산까지 연결하여 '서초올레길'이라고 명명하면서 홍보하고 있다.

서리풀 공원의 주요 거점으로, 그동안 끊긴 채 서로 고립되어 있던 지역은 대략 세 군데이다. 우선은 서울성모병원 뒷동산이 출발점이 된다. 이 동산은 얼마 전만 해도 차도에 의해 따로 고립되어 있었다. 그러나 마주 보면서도 아쉽게 떨어져 있던 몽마르뜨 공원 사이에 다리를 놓자, 산책 공간을 넓혀주는 효과를 가져왔다.

그 이름이 '누에 다리'이다. 그러한 명칭은 조선 시대에 누에를 기르던 잠실도회蠶室都會가 인근 잠원동에 있었던 연유에서 비롯되었다고 한다. 누에의 모습을 형상화하였는데, 24m에 이르는 다리 중간에서 내려다보면 잠시 현기증이 인다. 그렇지만 눈을 들어 앞을 바라보면 남산이, 뒤돌아보면 예술의 전당과 우면산이 시원스레 한눈에 들어온다. 특히 어둠이 내리면 다리 전체가 형형색색 불빛으로 옷을 바꾸어 입으며 고운 자태를 한껏 뽐낸다.

80여m에 이르는 누에 다리를 건너게 되면, 대법원 건물 뒤쪽으로 '몽마르뜨 공원'이 아담하게 조성되어 있다. 원래는 반포 배수지로 건설되었는데, 그 위에 흙을 덮어 아름다운 공원으로 조성한 것이다. 공원의 서쪽 끝자락에서 바라보면, 시골에서 보던 커다란 밥솥처럼 깊숙한 분지에 서구풍의 예쁜 빌라들이 촘촘히 서 있는 게 보인다. 서래마을이다.

서래마을은 프랑스 학교가 있어서인지, 국내에서 프랑스 사람들이 가장 많이 모여 사는 곳이라고 한다. 몽마르뜨라는 공원 이름도 그래서 얻게 되었고, 해마다 6월이면 이곳에서 한·불 문화축제가 열리기도 한다.

마을 안에는 프랑스풍의 음식점과 카페가 즐비하다. 얼마 전에는 거리환경 조성 공사까지 마무리해서 거리 분위기가 더욱 이채롭다. 마을 놀이터에는 서로 다른 피부 색깔과 머리 빛깔이 한데 어우러져, 서양의 어느 마을을 보는 것 같은 이색적인 풍경이 연출된다.

몽마르뜨 공원 벤치에 앉아서 잠시 흐르는 땀을 닦다 보면, 시야가 멀리 여의도까지 미친다. 한강 다리와 그 밑을 흐르는 물줄기까지도 손에 잡힐 듯하다. 아마 서울 시내 안에서 이만한 풍광을 즐기기는 쉽지 않을 것이다.

몽마르뜨 공원을 지나면 제법 규모가 큰 동산 하나가 나타난다. 여기부터가 바로 서리풀 공원이다. 몽마르뜨 공원과는 찻길로 분리되어 있었는데 '서리풀 다리'를 놓아서 쉽게 이동할 수 있다.

세종대왕의 넷째 아들이었던 임영대군이, 눈 속에서도 푸른 자태를 뽐내는 풀을 달여 먹고서 자손을 번성케 했다 하여, 이곳을 설이초리雪裏草里, 혹은 서리풀로 불렀다고 한다.

서리풀 다리를 건너면 잠깐 오르막길이 나서지만, 그곳을 지나치면 한갓진 숲속 길이 열린다. 마치 시골 오솔길 같은 정취가 느껴지는 길로 접어들면, 마음의 뒤란에 있던 무거움이 사라지고 안락함이 다가온다. 나뭇잎이 성할 때는 외부 세상을 커튼처럼 가려줘서 바깥세상의 소리도 들리지 않고, 한가로운 새들 노랫소리만 귓가에 울린다. 가끔 청설모나

꿩이 나타나 소란해지기도 하지만, 이름 모를 풀벌레들의 합창 속에선 일과로 바빴던 마음도 이내 고삐가 풀린다.

복잡다단한 일상에서 벗어나 있다는 것, 자연이 내뿜는 향기를 가슴 깊게 담으며 귓가에 스치는 남실바람과 속 깊은 대화를 나눌 수 있다는 것이 더할 나위 없는 행복감으로 다가온다. 비로소 내 존재가 고개를 든다. 군데군데 막혀 있던 시간의 통로가 서서히 열리고, 마음속에 쌓여 있던 회한의 편린들이 하나, 둘 등장하며 풀리지 않았던 결말을 요구한다.

눈앞에 보이는 지금만을 바라보며 살아가라는 현대 지성들의 숱한 메시지 속에서도, 나는 스러져간 꿈과 아쉬움으로 가득한 그림자들이 보내는 손길을 감히 뿌리치지 못한다. 어느결에 그들과 하나가 된다. 간간이 터져 나오는 탄식과 긴 한숨이 파문을 이루어 나무 이파리들을 흔든다.

인생을 산다는 것과 꿈을 꾼다는 것은 무엇인가. 서로는 그리도 별다른 세상이며 등을 돌린 모습이어야 하는가. 나는 푸르던 시절에 꿈속에서 헤매듯이, 현실적인 삶과 이상 세계의 추구라는 대립 속에서 많이도 갈등했다.

한쪽으로 마음을 정해 놓으면 여간해서 바꾸지 못하는 고집 때문에, 현실이 겨누는 무차별적인 공격을 받으며 탈진해 버렸던 지난날이었다. 세상과 사람들 속에 쉽게 동화되지 못하고 내 안으로만 침적沈積 하기 일쑤였다. 세상이 바라는 최소한의 요구에도 거부하는 몸짓으로 일관하여 지독한 후유증을 겪기도 했다. 혼자일 수만은 없다는 것, 꿈으로만 살아갈 수 없다는 깨달음이 그렇게도 받아들이기가 쉽지 않았다.

그러나 어찌하랴, 잊힌 듯하던 상흔이 시시때때로 이렇게 되살아나고, 한참을 그 속에서 배회하다가 제정신으로 돌아오는 어리석음을 되풀이하고 있으니.

문득 외면하고 있던 하늘을 올려다본다. 눈부신 시원의 푸른 공간으로 짓눌렸던 상념들이 흩어져 간다. 집요하게 도전하는 내 안의 나를 깊숙이 들여다보면서, 아직도 투정하려는 자아를 다독거린다.

서리풀공원의 끝자락은 청권사淸權祠이다. 청권사는 태종의 둘째 아들이자 세종대왕 형님인 효령대군 묘소와 사당이 있는 곳이다. 그 옛날에는 온종일 적막강산으로 그저 구름만 잠시 머물다 갔을 이곳이, 이제는 소음이 멈추지 않는 번화가가 되었으니 잠들어 있는 혼백인들 편안할까.

선홍색으로 곱게도 물든 오늘의 태양이, 바빴던 하루를 하직하며 관악산 너머로 슬그머니 모습을 숨긴다. (『한국수필』. 2011. 4월호)

골방에 대한 추억

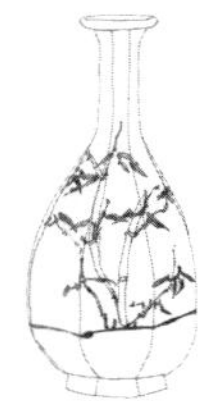

오랜만에 실컷 늦잠을 잤다. 이게 얼마 만에 느껴보는 해방감이던가. 방 안 천장까지 햇살이 고물거리는 걸 보니 시간 또한 꽤나 되었을 성싶다. 평소 출근을 할 때는 뼛속까지 헤집는 알람 소리에 깨어난다. 미처 정신이 덜 수습된 채 엉거주춤 몸을 일으켜 세우고는, 새벽부터 잔달음으로 서둘러야 한다. 방학을 맞이한 것이 이렇게 행복한 게으름을 허락할 줄이야.

집 안에는 나뿐이다. 가족들은 저마다 일터로 나섰다. 방해받지 않고 홀로 있다는 것이 묘한 안락감을 준다. 얼마나 오랫동안 잊어왔던 느낌인가.

제정신을 수습이라도 하라는 듯, 밖에선 전자제품을 수거한다는 방송 소리가 한바탕 들리더니, 이내 기적 소리처럼 흐릿하게 멀어져 간다. 잠시 눈을 감고 머물러 있는 사이, 뜬금없이 젊은 날

지내던 아담한 골방이 그리움 속에 떠오른다.

그 당시야 독방을 쓴다는 것은 거의 불가능한 일이었다. 대가족제에다 여러 동기간 사이에서 그럴만한 여유나 여건도 되지 못했다. 청소년기에는 누구나 그렇듯이 자신만의 공간을 갖고 싶어 한다. 나 또한 그런 생각이 간절했다. 곰곰이 생각하다가, 집에서 거의 창고처럼 여기는, 사랑방과 연결된 골방을 생각해 냈다.

그곳에는, 대를 물려가며 공부했던 초등 시절부터의 교과서나 일기장, 쓰다 만 공책, 방학 과제물, 문학 서적, 편지, 집 안에 굴러다니던 오래된 잡동사니들로 그득했다. 부모님 허락을 받고는 그 물건들을 정리하는데 절로 콧노래가 나왔다. 그렇게 나는 그 골방의 주인이 되었다.

그 방으로는 윗바람에 불길이 잘 들지 않아서 군용 침대를 하나 사다가 펼쳐 놓고, 마당이 내다보이는 창가에다 조그만 책상과 의자를 옮겨 놓았다. 이쯤 되니 제법 방 분위기가 그럴싸하고 푼푼했다.

골방의 모습이 진한 커피 향처럼 지워지지 않는 기억으로 남아 있는 것은, 누구나 한 번쯤 겪게 되는 질풍노도의 시기를 절절하게 보냈던 추억 때문이다.

몸이 쇠약하고 질병에 자주 노출됐던 나는 매사에 소극적이고 활력도 부족했다. 타고난 기질이 그럴 수도 있지만, 많은 사람들과 함께하거나 앞에 나서는 일은 마음이 썩 내키지 않았다. 그러니 자연스럽게 자신에게만 몰입하게 되고, 자의식의 목마름을 채울 수 있는 일에 빠져들었는지 모른다.

무엇보다도 머릿속에서 요동치는 갖가지 사념들이 우렁잇속이 되어,

내 의식의 언저리를 쉼 없이 두드렸다. 그나마 책을 잡는 동안만큼은 분분한 마음 그늘에서 벗어날 수 있는 구원의 시간이 되었다. 그러나 막상 책을 읽고 나면, 그 감상 속에 끝도 없이 빠져들어 한동안 헤어나질 못하고 허우적거리기 일쑤였다. 아름답게 색칠하고 싶었던 나만의 풍경화는 더한층 소란한 구도로 흔들리고, 감당하기 어려운 과제까지도 얹어주는 야릇한 상황이 되곤 했다.

그런 미로에서 벗어나기 위해서는 더 늘어지기 전에 얼른 다른 책을 잡으면 되었다. 마치 이열치열과도 같은 나만의 치유 방식을 깨닫고 감행한 곳이 내 작은 골방이었다.

그 외의 시간에는 주로 음악을 들으며 보냈다. 눈을 감고 침대에 드러누워 가슴속으로 파고드는 음률의 오묘한 마법에 몸을 맡기면, 주럽으로 가득하던 마음 밭에 단비가 내리고 아롱다롱 꽃무지개가 피어나는 듯했다. 그렇게 산란하던 심사가 음악 저편으로 꼬리를 감추면서, 비로소 어둡던 방 안에도 한갓진 안도의 기운이 감돌았다.

이따금 가까운 친구들이 찾아온다. 우리는 알 길 없는 앞날의 자화상을 그려보며 시간 가는 줄 모르고 이야기 속에 빠져들었다. 서로가 상대방을 거울삼아 자신을 비춰가며, 엉켜버린 실타래같이 머릿속에 얽혀 있는 거미줄을 풀어보려고 애썼다. 그런 가운데 넉넉한 공감과 위로를 나누고, 고단하던 우리 젊음이 새롭게 꿈을 찾았던 소중한 시간이었음도 아련한 추억으로 남아 있다.

그 골방을 드나들었던 친구들과는 지금껏 교제를 이어오고, 소중한 인생길동무가 되어 때때로 지난날을 추억하기도 한다.

벌건 대낮에는 시뻘건 숯가마처럼 머릿속이 들끓다가도, 창밖으로 새털처럼 가볍게 땅거미가 찾아오면 차분히 마음이 가라앉고, 작은 방 안에는 고요한 정적만이 흐른다. 나는 책상머리에 앉아 하루를 돌아보며 일기장을 메워간다. 구구절절 암호 같기만 한 글을 채워가며, 한숨과 비탄, 때론 극심한 우울과 자책 속에서 몸과 마음이 단번에 탈진하기 일쑤였다.

그럴 때면 커튼을 걷고 창밖에서 펼쳐지는 밤하늘의 유희를 망연히 바라본다. 저 끝 모를 우주 안에 점하나 찍기조차 부끄러운 모래알 같은 나. 찰나의 시간과 손바닥만도 못한 공간을 스쳐 지나갈 뿐인 존재에 대하여, 스스로 절망하며 은결들기도 했다.

여인의 눈썹 같은 초승달이 차가운 허공을 배회할 때는, 슬프디슬픈 운명을 간직했던 소설 속의 가련한 여인들을 떠올리며, 애잔한 마음을 쓸어내리기도 했다.

겨울철, 어쩌다 소리 없이 허벅진 함박눈이라도 내리면, 나는 창문을 열어젖히고 쏟아지는 눈발을 하염없이 바라본다. 마음 한켠에 묵어 있던 숱한 사연들을 쉼 없이 쌓여가는 눈밭에 묻기도 했다. 지친 심신을 뉘고 아련히 멀어져가는 찹쌀떡 장수의 간절한 외침 속에 잠들었던 곳, 그곳이 바로 추억의 골방이다.

지금 나는, 마음의 눈도 시릴 뿐 아니라 느끼려 해도 다가서지 않는 무심한 시간과 공간에 갇혀 지낸다. 혼자만의 생각과 자유를 누릴 수 있는 여유도 없이, 사람을 무감각하게 만드는 대도시의 한구석에서 지치듯 빠듯한 삶을 살아가고 있다.

그래서인가, 기울어 가는 세월의 뒤안길에서 더더욱 지난날에 대한 향수가 깃들고, 그 기억들이 스멀스멀 기어 나와서 첫사랑의 달콤한 추억처럼 되새김질하게 되는 것은 아닐지 모를 일이다.

오늘 나는, 젊음이 잉태한 고뇌로 가득했던 청소년기의 작은 골방을 그려보며, 가슴속에 꽃물 든 멍울의 흔적과 함께, 망연한 그리움 속으로 빠져들고 있다.

(『그린에세이』. 2014. 제5호)

돌아가는 길

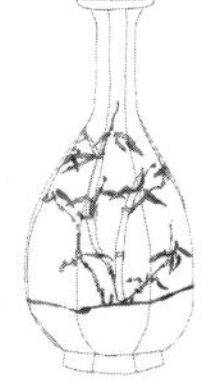

얼마 전에 있었던 일이다. 졸업생들 사진첩에 올릴 사진을 다시 찍으면 좋겠다는 연락을 받았다. 예전 사진들을 무심하게 올리다 보니, 더러 지금 모습과는 사뭇 동떨어진 얼굴들이 있다는 거였다. '그래, 언제 촬영을 했는지 기억조차 나질 않으니 한번 찍어 보자'고 마음먹었다. 앨범 사진을 찍는 일은 까닭 없이 외상으로 물건 주는 것처럼 뚱한 기분이 드는 일이다.

일주일쯤 지난 어느 날, 자리에 와 보니 책상 위에 절편만한 쑥색 봉투가 하나 놓여 있었다. 별 생각 없이 사진을 꺼내 보았다. 그 사진 속 주인공은 낯설기 그지없었다. 나 자신과는 멀어도 한참 멀었다. 민둥산처럼 드러나 버린 휑한 이마, 좌우로 흘러내린 눈꼬리 하며, 두 눈 밑에 계란빵처럼 돋아난 돌기까지.

급하게 주변에 있던 동료들에게 사진을 들이밀며 물어보았다. “이거, 나 같아요?” 했더니, 머리를 들이대며 하는 말들이, “어-, 잘 나왔네요.” 또는 “괜찮은데요.” 하는 것이었다. 이쯤 되면 가히 절망 수준이다. 최소한 하루에 한두 번씩은 바라보았을 모습이건만, 사진 속 몰골은 도저히 인정할 수 없는 그림이었다. 이런 맹목이 있을 수 있는가. 내가 바라보고 있던 모습은 지금의 내가 아니라, 언젠가부터 고정되어 있던 관념화된 모델이었단 말인가.

이런 일을 겪고 난 후, 갑자기 숱한 생각이 가슴 한구석에 자리 잡기 시작했다. 곰곰이 돌이켜 보면 얼굴만이 아니다. 그동안 까맣게 잊고 살았던 중년 이후의 기록은, 어둠 속에 묻힌 채 방치되어 있음을 깨달았다.

감수성이 예민했던 중·고등학교 시절에는 잠을 설치며 일기장을 채우고, 시를 끄적거리면서 까닭 모를 환희로 가득했었다. 음악에도 심취하여 허구한 날 극동방송의 클래식 코너를 끼고 살기도 했다. 무엇보다도 내 목표는, 학교 도서관에 비치된 정음사와 을유문화사의 세계문학전집을 모두 읽고 졸업하는데 두었다.

공부에 대한 열의보다는, 내면의 목마름과 의미를 찾을 수 없는 현실에서 벗어나고자 하는 욕구가 나를 사로잡고 있었다. 세상의 삶은 저열하며 무가치하다는 의식이 스멀스멀 자라나, 바깥 세상과는 무관한 사람처럼 고립된 시간 속에서 한참을 살았다.

그러나 어찌 세상사가 만만하기만 하단 말인가. 현실의 역습 또한 만만치 않았다. 대학 진학을 앞둔 고3이 되어서는, 피해갈 수 없는 입시 벽에 부딪혀 극도의 긴장이 계속되더니, 급기야 탈이 나고 말았다. 전에도 위장 장애로 고생했지만, 이번에는 그런 정도가 아니었다. 음식을 넣으면 곧 뱃속에서 구라파전쟁이 일어났다. 고통스러운 나날 가운데, 연유에 물을 타서 조금씩 마시는 것으로 연명(?)했다. 결국, 서울로 올라와 고려대학병원의 전신인 우석대학병원에서 진찰을 받기에 이르렀다. 신경이 극도로 예민해 있다는 것, 위궤양과 더불어 위의 기능이 무기력 상태이므로 모든 일에서 손을 떼고 휴양을 하는 것이 좋겠다는 검사 결과가 나왔다. 참담한 일이었다.

나는 간신히 학교를 졸업하고 강원도로 갔다. 황지에서도 한참을 더 들어가는 곳이었다. 하늘만 빠끔히 뚫려 있는 그야말로 오지였다. 친지와 연이 닿은 그곳에서 세상을 등지고 심신을 추슬렀다.

한국인 여성 최초로 독일 유학을 했다는 전혜린, 언젠가 그녀의 글에서 언뜻 본 내용이 생각났다, 자신의 자녀들에게는 절대로 책을 읽히지 않겠다는. 나는 불꽃 삶을 살다가 요절한 그녀의 고백이 주는 이면을 서성거려 보았다. 독서를 통해서 얻게 되는 정신적인 양식은 영혼을 살찌우는 귀한 속성이 있지만, 한편으로만 치우치게 될 때 그것은 순간의 비수로 변하여 우리의 육신을 향할 수도 있다는 생각을 떠올리게 되었다.

호젓한 오솔길을 걸으며 무거운 생각에 몰입하는 사색도 좋지만, 가벼운 휘파람으로 세상이 주는 아름다움을 노래하는 것도 어설픈 삶은 아닐 것이라는 자각이 왔다. 조금씩 생활에 변화가 일어났다. 아니, 변해야 했다. 끈질기게 잡아당기는 자신에게서, 고뇌와 인식의 그늘에서 벗어나고자 했다.

건강을 다소 회복한 후 상경하여 다시 대입 준비를 시작했다. 거두어야만 하는 아픈 현실이 있음을 간과하지 않은 채, 그렇게 대학을 가고 군 생활을 마쳤으며, 교직에 발을 들여놓게 되었다. 원하던 쪽의 공부를 계속하기에는 교직이 유리할 것이라는 생각에 시작한 그 길이 무심히 흘러 어느덧 반평생을 넘겼다.

사십대 초반에 우연히 고정희 시인이 쓴 「사십대」란 시를 읽게 되었다. 쇠망치로 얻어맞은 것같이 짠한 충격이 왔다. 숨어 있던 자아가 다시 고개를 들었다. 나는 그 시를 책상 유리 밑에 적어 놓고는 때때로 새기듯 읽어 보았다. 지난날 모습이 오버랩 되며 가슴이 두근거리기도 했다.

> 사십대 문턱에 들어서면/ 바라볼 시간이 많지 않다는 것을 안다/ 기다릴 인연이 많지 않다는 것도 안다/ 아니, 와 있는 인연들을 조심스레 접어 두고/ 보속의 거울을 닦아야 한다//
> 씨 뿌리는 이십대도/ 가꾸는 삼십대도 아주 빠르게 흘러/ 거두는 사십대 이랑에 들어서면/ 가야 할 길이 멀지 않다는 것을 안다/ 선택할 끈이 길지 않다는 것도 안다/ 방황하던 시절이나/ 지루하던 고비도 눈물겹게 그러안고/ 인생의 지도를 마감해야 한다//
> 쭉정이든 알곡이든/ 제 몸에서 스스로 추수하는 사십대/ 사십대 들녘에 들어서면/ 땅바닥에 침을 퉤, 뱉어도/ 그것이 외로움이라는 것을 안다/ 다시는 매달리지 않는 날이 와도/ 그것이 슬픔이라는 것을 안다//

한동안 가슴에 묻어 두었던 그 글도 언제인지 모르게 세월 속으로 연기처럼 사라져 버렸다.

세월의 유전은 누구에게나 깊은 회한을 가져다준다. 시간 속에서 태어나 그 뒤안길로 사라져 갈 뿐인 우리에게, 그 무게가 느껴질 때면 더 말할 나위가 없을 것이다. 인생 중반을 넘어서며, 갑자기 봇물 터지듯 사념들이 밀려오고 마음이 바빠지기 시작한다. 더 늦기 전에 내게는 돌아가야 할 본향이 있는 것처럼 무엇인가에 이끌려가고 있다. 잃어버리기도 하고 잊기도 했었던 상념의 조각들이 불현듯 추억의 박물관에서 뽀얀 먼지를 뒤집어쓴 채, 하나씩 건드려지기를 숨죽이며 기다리고 있다. 던져버렸던 세월의 흔적이 다시 그곳으로 돌아 갈 것을 종용하고 있다.

돌아가는 길…….

결국 인생 항로는 가지 못한 아쉬움으로 물들어 있는 추억의 길로 다시 돌아가는 것인가? 늘 바라보면서도 세월이 드리운 깊은 간극間隙을 발견하지 못하고, 액자에 고정된 언젠가의 모습으로 인식해 버린 눈먼 시간들. 거부하고 털어 버리고자 해도 기어이 살아와서 소곤대는 기억들. 두 개의 거울을 들고 어떤 선택을 해야 하는 것일까?

이제는 옷깃을 여미고 돌아보기로 하자. 정좌하고 세월이 실어오는 바람결을 느껴 보도록 하자. 남겨진 시간을 위해 미뤄 뒀던 숙제가 무엇인가를 생각하며, 마음의 추가 기우는 대로 내 삶의 그림을 선명히 그려가야겠다. (『창작산맥』. 2012. 창간호)

가을 나그네

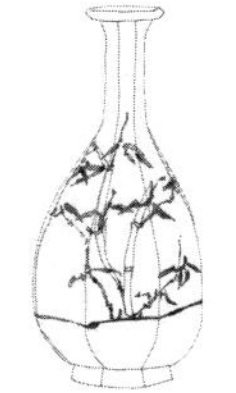

계절이 바뀔 때마다 다가오는 느낌도 사뭇 다르다. 요즈음처럼 낙엽이 쌓여 가면, 아예 내 마음 바닥엔 우수에 찬 그늘로 가득하다. 어릴 적부터, 사계절 가운데 나는 유독 이런 가을만을 좋아했다. 바꾸어 말하면, 다른 계절은 별로 좋아하지 않았다는 얘기다.

음습한 겨울을 보내고 천지에 희망이 움트는 봄이 되면, 너나없이 기지개를 켜며 나른한 봄꿈에 젖지만, 나는 그러질 못했다. 화사한 꽃들이 참았던 욕망을 터뜨리며 다시 찾아온 기쁨을 노래할 때에도, 꽃샘추위 따라 찾아들었던 질병의 고통이 아름다운 세상을 향한 눈을 감게 만들었다. 고뿔, 독감, 어지럼증, 배앓이, 볼거리며 온몸에 열이 펄펄 끓어 허구한 날 병원 신세를 지곤 했던 기억이 전부다. 단내 나는 열을 견디지 못하고 학교에서 구름 위를 걷듯 휘청대며 집으로 돌아오던 길에도, 심란한 봄바람은 휙휙 순식간에 흐름을 바꿔 가며 한기로 떨고 있는 몸통의 뼛속까지 시리게 했다. 신작로에 쌓여 있던 먼지는 뽀얗게 날려 앞길을 막고, 입과 콧속으로 들어가 입안에서 지분거리기도 했다. 기억 속의 봄은 이렇게 부정적으로만 남아 있다.

여름과 겨울 또한 완전히 상반된 경우였음에도 더우면 더운 대로, 추우면 추운 대로 견디길 힘들어했다. 그래도 여름은 차라리 나았다. 추워서 웅크리고 지내던 겨울에 비하면 한결 견딜 만했다. 한겨울 냉기는 가뜩이나 추위를 타던 나를 꽁꽁 얼어붙게 하고, 바깥 출입을 막은 채 묵새기며 한철 내내 유배 생활을 하도록 했다. 함박눈이 소담하게 내릴 때라야 비로소 위안을 받으며 숨어 있던 구석에서 벗어나, 대지 위에 그려지는 포근한 자연의 아름다움을 바라볼 수 있었다.

세상을 태우던 한여름 더위가 슬그머니 꼬리를 기이고 옷깃으로 삽상한 바람이 스며드는 가을 길목으로 접어들면, 절로 티 없이 청량한 하늘가에 눈이 머물곤 했다. 들썽거리던 숨결이 그제야 서서히 자리잡기 시작한다. 풀밭에 누워 쪽빛 창공과 모습을 바꾸면서 스쳐가는 구름의 행로를 하염없이 바라보며, 끝없는 상념에 젖어 들곤 했다. 가라앉지 않는 목마름으로 일기장을 채우고, 마음으로 와 닿는 명시들을 적어가며 밤이 이슥하도록 자신을 스스로 달래기도 하였다. 그렇게, 나는 무척이나 가을을 타는 소년이었다.

그 까닭을 가늠하기가 쉽지는 않지만, 타고난 천성이 그러하고, 병약했던 시절의 정서가 단풍처럼 아롱다롱 물들어 있을 수도 있다. 어느 연구가의 글을 보면, 우리는 태어날 때 이미 60%의 기질이 결정된다고 한다. 나머지 40% 가운데 환경적인 요인이 절반이요, 우리가 이성적으로 통제할 수 있는 것은 잘해봤자 20% 미만이라는 것이다. 그렇다면 나는 그런 기질을 거의 가지고 태어났다는 말이기도 하다. 게다가 잔병치레가 잦았으니, 삶과 죽음에 대해 일찍부터 민감했던 부분도 있었다. 이런 사실들이 가을앓이를 하게 된 나의 밑그림이 아니었을까 생각해 보기도 한다.

초등학교 시절, 어머니 등에 업혀 병원을 다녀오던 날이었다. 바람이 들까 봐 머리까지 뒤집어씌운 옷가지 틈새로, 늦가을 바람에 흩날리는 낙엽이 눈에 들어왔다. 갑자기 죽음에 대한 두려움이 솟구쳤다. 어린 마음의 뒤란에 찾아든 두려움은 공포가 되어 눈덩이처럼 커졌다.

때마침 길가 전파상에서 잔잔하면서도 애잔한 노래가 나직하게 들려왔는데, 마치 천상의 음악처럼 뇌리에 틀어박혔다. 짧은 순간에 일어난 일이었지만, 그 노래를 통해 어지럽던 마음이 큰 위로를 받았던 기억이 생생하다. 고등학생이 되었을 무렵, 그 곡이 모차르트의 '아이네 클라이네 나흐트무직' 2악장이었음을 알게 되었다. 그 후로 음악에 빠져 원하는 레코드를 찾느라고 여념이 없었다.

청소년기의 가을은 가없는 허무와의 전쟁이기도 했다. 계절이 깊어갈수록 까닭 모를 한숨도 깊어가고, 실체 없이 방황하는 자의식 속에서 속수무책이었다. 결국, 세계문학전집을 집어 들고 무시로 읽어 갔다. 그러나 문제는 거기에도 도사리고 있었다. 정신적인 유랑에서 벗어나려 시작했던 것이, 이제는 읽고 난 후의 감상에 풍덩 빠져버려 도무지 뒷갈망을 못하는 시간이 길어지는 것이었다. 그 질곡의 상황에서 벗어나고자 다른 책을 집어 드는 것으로 악순환(?)이 반복되었다. 이것이 모두 가을걷이처럼 가을이면 벌어졌던 나의 일상이었다.

삶으로 바빴던 중년에도 이런 속마음은 크게 달라지지 않았다. 소슬바람 따라 햇살이 기울어 가면, 헤아릴 수 없는 공허에 빠져 어디론가 훌쩍 떠나고 싶은 유랑 벽이 도지곤 했다. 실행을 쉽사리 하지도 못하면서 몸과 마음은 늘 웅크린 채 허공을 가르는 그네가 되어 흔들거렸다. 평소에는 실컷 유유자적하다가도 가을의 문턱에만 서면, 마치 미뤄두었던 숙제를 하지 못해 쫓기는 심정이 되어 내 앞에 놓인 삶과 힘겨운 겨루기를 시작했다. 이렇게 난분분하던 심사도 구르던 낙엽이 쌓인 눈 속에 갇혀서 긴긴 겨울잠에 들어가면, 비로소 곰파던 한숨을 뒤로하고, 벗어나 있던 제자리로 돌아오게 된다.

세월이 제법 흐른 지금 지난날을 되돌아보면, 몽동발이 알몸으로 내던져진 것 같은 얼마간의 부끄러움과, 문득 빈손으로 서 있는 듯한 쓸쓸함이 남았다. 또한, 곁에 계시지 않은 부모님에 대한 그리움이 새삼스레 새록새록 솟아나 마음속 깊이 사무치기도 한다.

나는 마치 가을 내음 속에서만 내 시간이 존재하는 것처럼 거우듬한 삶을 살아왔다. 쌓여가는 낙엽을 보며 의식의 고문도 시작되곤 했다. 가을앓이는 결국 내 삶의 앓이가 되고 의식과 정서의 깊은 곳에 지울 수 없는 나이테로 새겨져 있다.

그동안 목적지도 없이 무작정 떠나버렸던 항해에서 이제는 안착해야 할 항구를 그리게 된다. 끈질긴 운명처럼 꼬리를 물던 방황에서 돌아와 든든한 닻을 내리고, 그간의 여정에서 얻은 결실들을 헤아려 보아야 한다. 그것이 얼마가 되던 두 손에 펼치고, 하나하나 보석을 닦듯 세월의 때를 벗겨가야 한다. 그 안에는 얼마간의 기쁨과 행복한 장면을 담은 액자들이 걸려 있을 뿐만 아니라, 지워버리거나 멀리하고 싶은 모습들도 남아 있을 것이다.

영원을 향한 몸짓으로 가뭇없이 떠나온 길이지만, 우리는 세월 속을 잠시 지나가는 나그네일 따름이다. 그래서 지나온 시간이 늘 그리움 속에 머물러 있는 것인지도 모른다.

가을 병을 오랫동안 앓아 온 나는 가을 나그네가 되어 철새 같은 유랑을 해왔다. 한편으로만 쏠린 채 흘려보낸 세월이 아쉽고 후회스럽기도 하다. 그렇지만 그런 까닭에 남겨진 내 발자취마다 애착이 더하고, 새겨진 발자국이 영원하기를, 의미 있고 아름답게 기억되기를 바라는 것은 아닐지 모를 일이다. (『강남문학』. 2015. 21집)

여울회 이야기

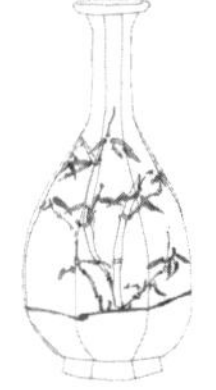

젊은 날을 회상하다 보면, 잊힐 듯 말 듯하면서도 늘 가슴 속에 살아 있는 일들이 더러 있다. 내게는 '여울회'라는 모임이 그러하다. 고등학교를 졸업했던 70년대 초입에 결성했던 모임이다. 막상 학교를 졸업은 했지만 나는 몸이 부실하고 몹시 아파서 대학 진학을 못 하고 있었다.

공교롭게도 나와 친했던 몇몇 친구들도 진학 대신 재수의 길을 걷기로 했다. 그 당시 상황이, 원하는 대학을 가고자 하면 재수, 삼수가 일반화되던 시절이었다. 당분간 할 일이 없던 친구들은 주로 우리 집으로 몰려들었다.

친구 중에서 우등생으로 졸업했지만, 원하는 대학에 진학하지 못하자 재수를 결정한 친구가 P였다. 어느 날, P가 엉뚱한 제안을 했다. 우리끼리 잡지를 하나 만들어 보자는 것이었다. 그러면서

벤저민 프랭클린 이야기를 꺼냈다.

'미국의 정치가, 외교관, 과학자이며 저술가요 신문사 경영자이기도 했던 그는, 가난한 가정의 열째 아들로 보스턴에서 태어났다. 학비가 없어 학교에 다닐 수 없던 소년은 런던으로 가서 앞선 인쇄 기술을 배우고, 필라델피아로 돌아와서는 인쇄소 경영과 함께 신문을 발행한다. 프랭클린은 독서를 통하여 자신에게 부족한 학력을 보완하고, 친구들과 함께 독서 토론 클럽을 만들어 지식을 넓혀 나간다. 또한, 이 모임에 속한 사람들은 각자가 가지고 있는 책들을 한 방에 모아서 토론을 준비하는데 참고할 수 있도록 했는데, 이것을 발전시켜 회원제 종합도서관을 설립하기도 하였다. 그가 과학에 관하여 가진 관심은, 죽음을 무릅쓰고 피뢰침을 발명한 것으로도 유명하다. 이런 다방면에 걸친 그의 관심과 열정은 마침내 펜실베이니아 대학교의 전신인 필라델피아 아카데미를 창설케 했으며, 제퍼슨과 더불어 미국 독립 선언서를 기초하기에 이른다.'

친구 P는 이와 같은 얘기와 더불어, 우리도 독서 토론회를 결성하고 책자를 만들어보자는 것이었다. 마땅히 할 일도 찾지 못하고 있던 친구들은 이에 모두 동의를 했다. 각자의 관심이나 취미를 중심으로 열심히 자료를 모으고 책자에 실어서 서로 읽는다면, 자신이 관심을 두는 분야는 물론 다른 영역의 지식도 얻을 수 있지 않으냐는 이야기였다.

갑자기 빛나는 무지개가 우리 머리 위에서 어른거리기 시작했다. 무엇인가에 목말라 있던 우리에게 갈증을 해소할 수 있는 열망이 날개 치고 있었다.

나는 문학과 음악을 주 영역으로 삼았다. 다른 친구들도 저마다 특성 있는 분야를 맡아서 역사, 경제, 시사, 문화, 철학, 종교 등을 열심히 탐구하였다. 모두가 참여하는 창작란도 마련했다. 1970년 11월에 창간된 '독서신문'은 그 당시 우리에게 커다란 영향을 주었다.

공동으로 하는 작업도 물론 있었다. 청주 용화사에서 벽산 스님과 종교에 관련된 설문을 준비해서 문답했던 일들이 기억에 남아 있다. 그리하여 '종교란 무엇인가'라는 난을 만들기도 했다.

약속된 기한이 지나고 이제는 편집과 인쇄를 하는 과정이 남아 있었다. 경제적으로 빤한 상황이었으니 방법이 따로 있을 수 없었다. 필요한 등사기나 줄판 등은 아는 곳을 찾아다니며 빌려올 수밖에. 각자의 사정에 따라 회비를 갹출하고 주머니 사정이 되는대로 보충했다. 일일이 철필로 쓰다 보니 어려움도 많았다.

특히나 숙달된 기술도 없이 등사기를 밀다 보면 원지가 찢어지기 일쑤고, 온몸부터 주변이 먹투성이었다. 우리는 날밤을 새워가며 이 짓들을 해댔다. 무엇인지 모를 신비로운 힘에 이끌려 제정신이 아니었다. 며칠씩 잠을 설치고도 피곤한 기색보다는 까닭 모를 기쁨이 넘쳤다.

이런 노력과 정성 끝에 『여울』 제1집이 나올 수 있었다. 그때의 감격이야 무엇에 비교할 수 있으랴. 뒤이어 제2집이 발간되고 제3집을 준비하던 중, 우리는 또 다른 현실에 직면해야 했다. 당면한 대학 진학을 외면할 수는 없었기 때문이다.

결국, 우리는 후일을 기약하며 각자의 길로 나아갈 수밖에 없었다. 다행스럽게 모두 대학 진학을 했지만, 약속했던 모둠 책자 발간은 지속되지 않았다. 대학 생활이 좀처럼 시간을 허락하지 않을 뿐 아니라 예전과 같은 절실함도 줄었다. 서로 다른 시간대에 입대나 취업을 하고, 사회생활과 결혼에 이르는 일련의 과정을 지나며 서로 서먹할 정도로 만남의 공백기가 있었다. 지난 일은 그저 마음 한구석에 묻혀 있는 먼지 쌓인 추억과 다름이 없었다.

그러나 한번 가슴 속에 깊이 새겨진 기억은 때가 되면 봇물 터지듯 쏟아져 나오는 경향이 있지 않던가. 나이가 중년을 넘어서 장년에 들어설 즈음, 흩어졌던 친구들을 찾아 나서기 시작했다. 몇몇은 아예 자취조차 없던 것을 기적적으로 찾아내기도 했다. 모두를 모으는 데는 실패했지만, 주축을 이루던 벗들은 거의 찾아낼 수 있었다.

대기업을 다니다가 개인 사업을 하는 친구, 은행 관리자를 거쳐서 새 사업으로 왕성하게 활동하는 친구도 있었다. 목회자로 헌신하다가 이제는 평범한 일상으로 돌아온 친구며, 도교육청 간부로 근무하는 등, 다양한 분야에서 자신들의 삶을 지켜오고 있었다.

드디어 모두 만나기로 한 날, 나는 지금껏 간직하고 있던 『여울』 1집을 숫자대로 복사해서 나갔다. 이마에 이미 인생 계급장이 깊게 자리한 그들 앞에 한 부씩 돌렸다. 책을 받아들고는 모두 한동안 말이 없었다. 더러는 안경을 치켜가며 지난날 자신을 확인하기 바빴다. 아아, 그 속에는 잊고 있었던 우리의 젊음이 뛰놀았다. 접어둘 수 없던 우리의 꿈들이 불끈불끈 살아 숨 쉬고 있었다.

그날 우리는 너, 나 할 것 없이 술잔에 파묻혀서 예전의 학동들로 돌아갔다. 중단됐던 역사의 강이 다시 흘러넘치고, 추억의 술잔 위에서 우리는 모두 똑같은 춤사위를 반복하고 있었다. 아름다웠던 지난날이여,

꿈같은 세월의 유전이여…….

내가 썼던 권두시를 나는 새롭게 읽어 보았다.

폐칩을 고집하던/ 내 작은 창의 역사를 따라 돌아/ 이제는 정좌하고 보는 경질의 시간/ 나른한 호흡을 느끼며/ 빛은 날아든다.// 변이의 길을 가며/ 서툰 가락을 손에 들고 오르면서/ 요동을 거역하는 의기 어린 생명들/ 갈망의 길은 멀어라.// 신의 기도의 날/ 길목으로 몰아진 어린 양들이/ 합장을 하고 명목을 남긴다.// 거리를 두고 지내온 오늘날/ 손마다 가득 담아진 사명을 노래 부르며/ 종내는 멀리멀리 흘려보내고 마는 분신, 분신들/ 날은 멀기만 하여라…….// 하려무나, 하려무나/ 길을 모르고 가듯이/ 또한 세월은/ 한참을 여울져 가리니…….//

(『한울문학』. 2013. 9월호)

그리움과 회한

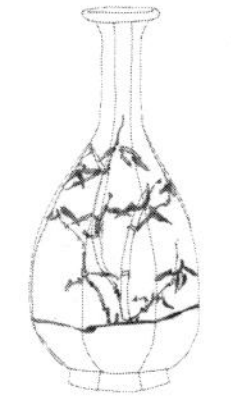

대학 시절, 존경하던 은사님이 있었다. 온유한 성품에 늘 인자한 표정으로 미소를 머금으셨다. 천성이 학자 그대로였다. 자연히 따르는 제자들이 많았다.

입학 면접고사 때의 일이다. 그분은 내게 왜 독일어과를 선택하게 됐느냐는 질문을 하셨다.

사실, 나는 고등학교 시절에 독일어 선생님과 각별한 관계를 유지하고 있었다. 고전음악에 한창 빠져 지내면서 당시 학생으로는 드물게 300여 장의 음반을 가지고 있었다. 나는 그 선생님의 요청으로 음악을 녹음해 드리며 가깝게 지냈다. 밤이 이슥하도록 그분 댁에서 함께 작업을 하며 많은 대화를 나눌 수 있는 행운도 얻었다.

그런 가운데 자연스레 내가 관심 있어 하던 독일의 작가 '토마스 만(Thomas Mann 1875-1955)'에

관하여 좀 더 자세히 알게 된 계기가 되었다.

고교 시절 선생님과의 이런 인연에 대해서 들으시더니, 교수님께서는 천진스런 모습으로 빙그레 웃으시는 게 아닌가. 그러면서 앞에 놓여 있던 책을 펴서 한번 읽어 보라고 하셨다. 다행히 크게 어렵지 않은 독일어 교본이었다. 별로 힘들이지 않고 읽어 내려가자, 미소를 띠며 이번엔 뜻을 물어보셨다. 이렇게 은사님과의 첫 인연이 시작되었다.

이런저런 모임이 있을 때마다 당신께서는, "자네는 계속 공부를 하게나." 하고 권유를 하시곤 했다. 관심 있는 분야의 서적들도 알려주시고 때론 자신의 책을 빌려주시기도 했다. 그 당시에는 원서를 구하기가 하늘의 별 따기처럼 어려웠다. 기껏해야 명동에 있던 '소피아 서점'만이 독일어 원서를 구할 수 있는 유일한 곳이었다.

나는 은사님이 주신 손때 묻은 책들을 펴보면서 얼마나 고마워하고 감격했었는지 모른다. 그런 속정에 부모님 같은 따뜻함을 느끼기도 했다. 교수님의 격려에 힘입어 나도 오롯이 꿈을 키워갈 수가 있었다.

한편으로 내겐 떠나지 않는 궁금증이 있었다. 꽤 오랫동안 함께한 것에 비하면 교수님의 생각이라든지 삶에 관한 이야기를 들어본 기억이 별로 없었던 때문이다. 그저 거죽으로만 알고 있다는 느낌이 들었다. 간간이 그분께서 일부러 회피하는 듯한 감마저 들었다.

언젠가 우리 학년이 청평으로 야유회를 간 적이 있다. 점심을 마치고는 삼삼오오 물속에 발을 담근 채 이야기꽃을 피우거나, 주변 산책을 즐기기도 했다. 나는 저만치 혼자 앉아서 흐르는 물줄기를 말없이 바라보시던 교수님 옆으로 다가갔다. 준비한 술잔을 권해드리며 궁금했던 생각을 용기 내어 여쭤 보았다. 왜 교수님 자신에 관한 얘기를 통 안 하시는지, 듣고 싶은 인생과 삶에 얽힌 이야기는 어찌 아끼시는가를. 이는 지극히 개인적인 사생활인 만큼 당돌할 법한 질문이기도 했다.

은사님께서는 잠깐 말이 없다가 저 멀리 물가를 응시하더니 천천히 말문을 여셨다.

부모님은 일찍 돌아가시고, 이발소를 하시는 시골 형님 댁에서 째지게 가난했던 어린 시절을 보냈다는 것. 등록금과 숙식을 스스로 해결해야 했던 고단한 대학 생활 때문에, 바닥 널빤지가 뒤틀려 삐거덕거리는 소리가 요란한 동숭동 연구실에서 새우잠을 자며 공부하고, 장학금을 받거나 쥐꼬리만 한 조교 월급으로 근근이 지내왔던 이야기까지…….

더구나 가슴 아픈 이야기도 덧붙이셨다. 어렵던 시절에 많은 도움을 주었던 절친한 친구가, 사업상의 어려움을 토로하며 간청을 하기에 집을 담보로 보증을 서 주셨단다. 친구는 거듭되는 실패로 어느 날 소리소문 없이 사라져버렸다는 말씀을 하셨다. 현재 거주하고 있는 집도 사실은 대학 소유라는 것이다. 그러면서 망연히 더 먼 곳을 주시하며, "오죽하면 그랬겠나, 언젠가는 찾아올 때가 있겠지……." 하시는 것이었다.

일순 당혹해 있던 내게, "자넨 말이지, 공부하는 게 좋겠어, 우리 한번 독문학계 발전에 이바지해 보세."라고 말씀하시는 것이었다. 그 말씀에 나는 무척이나 고무도 되었고 용기 또한 얻었다. 평소 직책이나 자리에 연연하지 않으며, 늘 연구실에서 늦도록 책을 벗 삼아 지내시던 모습이 지금도 선연히 마음속에 남아 있다.

내가 대학원에 진학할 무렵, 교수님께서는 2년간의 연구년을 얻어 독일에서 지내셨다. 그동안 독일의 각 대학을 두루 다니시며 엄청난 양의 자료들을 마련해 오셨다. 언젠가 댁으로 오라시기에 들렀더니, 선물이라며 릴케 전집을 건네주시는 것이었다. 제대로 맛을 알려면 꼭 원서로 읽어 보라시면서.

이윽고 옆에 있던 서재로 데리고 가시더니 족히 내 키만큼이나 높게 쌓여 있는 자료를 가리키셨다. "이게 우리가 읽어야 할 것들이라네."라는 말씀의 '우리'라는 표현에 나는 내 귀를 의심했다. 순간, 앞으로 다가올 힘겨움에 숨이 막힐 지경이었다. 시간이 나는 대로 자료를 골라 줄 테니 같이 읽고 토론을 하자는 거였다.

토마스 만이라는 작가에 대하여 개인적인 관심을 가졌지만, 은사님의 관심 분야는 시詩 쪽이었다. 중·고등학생 시절에 내가 주로 쓴 것이 시이기는 하다. 그러나 막상 내 앞의 과제가 되다 보니 다가오는 부담 또한 만만치 않았다.

그 시인은 '게오르크 트라클(Georg Trakl 1887-1914)'이었다. 오스트리아 출신의 천재 시인으로 정신착란 증세를 보이며 27살에 요절한 독일 표현주의의 대표 작가다.

언젠가 늦은 시간에 교수님 연구실을 찾았는데, 책상 위에 대여섯 개의 우유병이 비워진 채 놓여 있었다. 까닭을 여쭈니, 요즘 계속 속이 쓰리고 소화가 안 된다는 말씀을 하셨다. 걱정을 하자, 그러잖아도 병원 예약을 했다는 대답을 들려주셨다. 속으로 나는, 이 세상에서 우리가 근심 걱정하는 일 가운데 2%만이 실제로 일어날 뿐이라는 말을 되뇌며 애써 불안함을 숨겼다.

그러나 며칠 후, 기대했던 바를 저버리는 소식을 접하게 되었다. 교수님은 위암 3기여서 곧바로 수술해야 한다는 전갈이었다. 친구의 어려움을 덜어주고자 했던 보은의 뜻은 가정에 감당하기 어려운 어려움을 가져왔을 뿐만이 아니라, 죽음에 이를 수 있는 병까지 도지게 했나 보다. 세상일이란 이렇게 우리의 바람이나 처지와 관계없이 불쑥 고개를 내밀기도 한다.

수술하신 뒤에 찾아뵈었더니, "이를 어쩌나, 내가 병이 났으니 자네 논문을 이번에는 같이 하기가 어렵겠구먼." 하시며 먼저 내 논문 걱정을 하셨다. 어찌 세상일이 내 뜻대로만 될 수 있겠는가. 인생길이 원하는 대로만 되지 않는다는 사실을 가슴 아프게 새기면서, 결국 나는 토마스 만으로 돌아올 수밖에 없었다.

은사님은 당신 몸이 추슬러지게 되면 다시 시작하자는 말씀을 하셨다. 또한, 교수님의 권유를 받고, 나는 고심 끝에 대학 논문으로 선택했었던 토마스 만을 가지고 어렵사리 석사 과정을 마칠 수가 있었다.

우여곡절 끝에 석사 과정을 마치고는 이어 박사 과정으로 돌입하게 되었다. 그러는 동안 걱정했던 은사님의 건강은 다행스럽게도 호전되어 갔다. 또다시 새로운 희망을 품고 교수님과 함께 미루어두었던 과제, 게오르크 트라클의 시에 몰두했다. 이번에는 내가 독일에서 채집해 온 자료와 교수님이 수집하신 것이 더해져 그야말로 산더미 같은 분량으로 늘어났다.

어느 땐가, 교수님이 독일문화원에서 '독일 표현주의'에 대한 주제 발표를 하셨다. 가느다란 목소리와 간간이 떨리는 손길을 목격하며, 안쓰러움과 까닭 모를 불안감이 엄습했다. 그즈음에 부쩍 힘들어하시고, 몸은 더욱 야위어가는 듯해 보기도 민망하였다.

한편으로는, 솔직히 그동안 준비해 온 학위 논문에 대한 걱정도 앞섰다. 그러나 이런 현실에서 어찌 내 욕구만 우선할 수 있으랴. 또한, 인생의 거친 파고를 누가 감히 바꿀 수 있겠는가.

불사위도 꺼지기 전에 잠깐 빛을 발하고 사그라진다고 했던가. 이후로는 갑자기 끊었던 담배도 입에 무시고, 먼 허공을 속절없이 바라보며 바다가 보고 싶다고도 하셨다.

불길한 예감이 오래가지는 않았다. 어느 날 갑자기 혼절하여 응급실에 실려 가셨고, 그렇게 허망하게 이 세상을 버리셨다. 그동안 은사님과 해오던 작업은 또다시 물거품이 되었다. 뜻대로 되지 않는 세상사에 나는 의미를 상실하고 한참을 방황했다. 논문 기한에 쫓기며 나는 다시 숙명처럼 토마스 만으로 돌아와야 했다.

은사님은 네 남매를 슬하에 두셨다. 공교롭게도 아들 둘은 내가 근무하던 학교를 졸업하여 사사롭게는 제자인 셈이다. 그들은 아버지의 공백을 메우기 위해 부단히 노력해야 했다.

언젠가, 제자인 둘째 아들로부터 여건이 허락되는 대로 아버님의 유고집을 발간하고, 동상도 건립하여 공덕을 기리고 싶다는 연락을 해왔다. 만약 그런 기회가 온다면 나도 기꺼이 동참하겠노라는 의견을 전달했다. 그러나 그 소망은 뜻을 이루지 못하고 세월의 뒤안길로 사라져 버렸다.

은사님을 생각하다 보면 두 개의 장면이 교차하여 나타난다. 미소를 지으며 손을 잡아주시던 자애로운 은사님과, 그늘진 구석에서 희망의 빛을 잃고 표정 없이 날 바라보시던 안쓰러운 모습이다. 은사님을 기억하며 미소를 지어보다가도 그만 써늘하게 식어가는 또 하나의 장면에 마음이 시리게 된다.

나는 그분에게서 과분한 사랑을 받았다. 또한, 적지 않은 시간을 같이하며 지켜보았던 그분의 면모나 태도, 그리고 학문에 대한 열정을 되새겨보면서, 은사님이 추구하고자 했던 삶에 절로 머리가 끄덕여지기도 한다.

나이가 들어가면서 은사님과의 속 깊은 대화를 완성하지 못한 아쉬움으로 콧잔등이 시큰해지기도 한다. 이렇게 남겨진 그리움은 내 마음속에 고이 간직하고, 그분이 마무리하지 못한 숙제에 조금이라도 다가가고 싶은 여망을 가져본다.

오늘따라 은사님이 몹시도 그립다. (『문학세계』. 2014. 7월호)

만남을 위한 이별

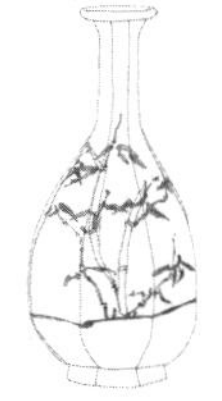

장맛비가 긴 머릿결을 풀어 놓은 듯 쏟아붓는다. 자꾸만 창가로 다가서는 마음을 접지 못하고 자리에서 일어난다. 밖에 웅크리고 있는 세상은, 천지를 삼킬 듯 덤비는 빗물을 이기지 못하고 모든 걸 체념한 채 말없이 서 있다.

한동안 응시하다 보면, 바깥세상은 한 폭의 거대한 스크린이 되어 의식의 품 안으로 스며든다. 마음속 한가운데 먹먹하게 옹이 박혀 있는 온갖 색깔의 사연들이 들쳐 일어나, 모습을 바꾸어 가며 윤무를 시작한다. 마치 줄 풀린 악기처럼 무조음의 선율이 내 심중에서 울리고 있다. 누구나 마음의 눈으로 바라본다고 했던가. 지금 내 마음 밭이 좀처럼 안정을 찾지 못하고 있다는 증거인가 보다.

심기가 들썽거린다. 눈에 익어 있던 주변의 모습들이 나와는 무관한 듯 생경하게 느껴진다. 옆

자리를 쳐다본다. 빈자리다. 갑자기 감당하기 어려운 스산함이 서린다. 예견했던 일이지만, 막상 현실이 되자 마음 문이 꽉 닫히고 어둠이 내려앉는다. 며칠 전까지 늘 마주하던 모습이 보이지 않는다, 아니 앞으로는 이 자리에서 다시 볼 수가 없을 것이다.

오랫동안 같이 근무하던 선배 한 분이 정년퇴임을 맞아 떠났다. 마지막 몇 년 동안은 바로 옆자리에 앉아서 정을 나누고, 소소한 일상의 대화까지 함께하며 지나온 터이다. 이제는 그런 사실들도 모두 지난날이 되고, 어쩌면 서서히 조금씩 기억의 저편으로 지워져 갈는지도 모른다. 나 자신도 또한 머지않아 이 자리를 뒤로할 때가 올 것이니, 어쩌면 앞서간 당신의 경우를 보며 미리 그 심정을 헤아려보고, 사전 마음가짐을 다질 기회로 삼을 수 있을는지도 모른다.

살아가며 우리는 숱한 만남과 이별을 경험한다. 뙤약볕 갈증에 냉수 마시듯 가슴까지 시원한 때도 있지만, 그 안에 실타래처럼 얽히고설킨 사연들로 인해 고단하기 짝이 없는 때도 있는 법이다. 이유야 어디 있든, 우리는 상호 관계 속에서 살아갈 수밖에 없으며, 싫든 좋든 하얀 옷감이 여러 무늬로 물들어 가듯 알음알음 교감이 쌓여가게 마련이다.

선배와 나는 같은 직장에서 이루어진 인사에서도 엇비슷한 실패를 경험했으니, 서로 헤아려볼 여지가 많았을 것이긴 하다. 동병상련의 심정이 이심전심으로 통하여 더 애틋하게 상대방의 마음 방을 들여다보았을지도 모른다.

함께 있다는 사실만으로도 위로가 되고, 때론 술잔을 사이에 두고 서로의 상처를 보듬기도 했다. 그런 대상이 이제 더는 내 가까이에 존재하지 않는다는 사실이 못내 아쉽고 허전하기 그지없다. 마음 같아서는 지금이라도 선배와 함께 박차고 나가고 싶은 심정이 그득하다. 더러 만날 기회야 있다지만 그건 또 다른 이야기다. 지금 당장은 깊이를 알 수조차 없는 늪에 갇혀서 탈출하고자 무던히 발버둥치는 먹먹한 심정이다.

저마다 차이는 있겠지만, 나는 어릴 적부터 유난히 낯가림을 많이 하고 한 번 맺어진 인연에서 쉽게 돌아서지 못하는 유약함이 있었다. 돌이켜보면 잔병치레 꽤나 하며 어머니를 독점하다시피 했던 유아적인 버릇이 그대로 각인되어 있을 수도 있다.

더구나 공직 생활을 하시던 아버지를 따라, 초등학교 시절에는 정들만 하면 전학을 다녀야 했다. 기껏 정겹게 사귀었던 친구들이라든지, 뛰어놀던 동네 골목을 단숨에 버려야 했다. 그래서인지 새로운 환경에 노출되는 것을 몹시도 꺼리고, 모험하기보다는 익숙한 분위기에 머물러 있기를 바라는 것이 습성화되었는지도 모른다.

지금 이렇게 홀로 남겨진 것 같은 고립감도, 어렸을 때부터 아로새겨진 체험에서 비롯된 것이 아닌가 싶어 입맛이 씁쓸하다. 선배를 떠나보내고 난 후에 부쩍 일손이 잡히지 않고, 주위마저 썰렁하게 느껴져 마음이 흔들거리고 있으니 말이다.

우리가 삶의 도정에서 헤아릴 수 없이 많은 사람을 만나며 의미 있게 남겨야 할 것은 무엇일까. 사는데 불편하지 않을 만큼 적당히 교제하고, 일상의 필요를 채우려는 데 있는 것만은 아닐 거다. 그간의 세월을 되짚어보면서, 오직 서로의 믿음 가운데 쌓아온 밀착된 관계만이 오롯이 남을 뿐이라는 생각을 하게 된다. 누군가의 우러러볼 직책이나 권력이 아니요, 그가 소유한 부와 명예도 아니다. 그렇게 서로 간에 연결된 고리를 바탕으로, 인생이라는 거친 텃밭을 함께 경작해가는 영원한 동반자로서의 여정만이 존재할 뿐이라고 여기고 있다. 그런 소중한 관계 속에서 우리는 서로를 바라보는 거울이 되고, 살맛이 나는 멋들어진 인생의 그림을 그려갈 동력도 얻는 것이라는 믿음을 가져본다.

이제는 새롭게 사람들을 알아가고, 폭넓게 사귀며 농익은 인간 관계를 가꾸어가기는 쉽지 않음을 느낀다. 불가능한 일까지는 아니겠지만, 주어진 세월이 쉬이 그 빌미의 끈을 내어줄 것 같지가 않다. 새삼스레 그동안 이어온 교제 하나하나가 소중하게 여겨지고, 서로의 삶을 튼실하게 꽃피워 갈 수 있도록 열심히 가꾸어 가야 한다는 간절한 소망을 꿈꾸어 본다. 고달픈 인생길에서, 같이 가는 것이 더 멀리, 더 오래 가는 것임을 알기 때문이다. 새로운 만남에 연연하기보다는, 지금껏 나와 닿아 있는 인연들을 곱다랗게 간직해 가자는 내 안의 외침도 들린다.

회자정리會者定離라 했던가. 맘먹은 대로 되지 않는 것이 인생이다. 거부하는 몸짓으로 해결되는 문제도 아니다. 쉼 없이 시간의 뒤안길로 달음질해가는 것이 우리의 삶이라면, 허망하게 뒷짐 지고 손사래 치는 나약한 그림자는 거두어들임이 옳다.

아쉬움과 그리움은 세월의 강물에 띄워 보내고, 옹골차게 거듭나는 홀로서기를 통하여 더욱 성숙해가는 발걸음을 서둘러야 한다. 그것이 종국에는 이별의 쓰림을 극복하는 길임과 동시에, 더욱 뜨겁고 풍성한 앞날의 만남을 준비해가는 지혜일 테니 말이다. 또한, 그것은 바로, 서로 간에 더욱 아름다운 만남을 위해 준비된 이별이 될 것이기 때문이리라.

(『강남문학』. 2014. 20집)

2015년, 그리고 가을

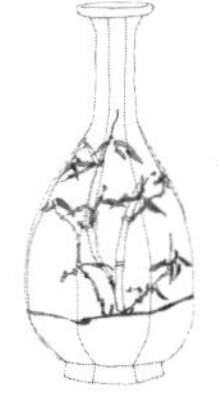

가을이 다가서는 발걸음은, 품으로 숨어들어 감기는 선들바람의 속삭임에서 비롯된다. 바람결을 머금고 부풀어 오른 마음은 절로 높아가는 하늘가를 서성거리며, 순수 그 자체인 쪽빛 속으로 미루어 왔던 항해를 시작한다. 이날 이때까지 가을바라기로 살아온 나는, 올 따라 지는 낙엽 속에 가을앓이가 더욱 깊어 가리라.

얼마 전, 나는 그간의 교직 생활을 접었다. 세월 따라 운명이라는 그림자는 한 치의 오차도 없이 정해진 시간표처럼 다가온다.

떠나야 할 날이 가까워질수록 애써 담담하리라던 마음이 바람에 밀리는 잎사귀처럼 조금씩 흔들렸다. 그동안 무덤덤하기만 하던 주변 모습들이 하나하나 눈에 밟힌다.

떠나기에 앞서 그동안 거느리던 책과 짐들을

꾸려야 한다. 전공 서적들뿐만 아니라, 제대로 한 번 펴보지 못한 채 욕심으로 꼭꼭 묻어두었던 많은 책이, 뽀얀 먼지를 뒤집어쓰고 어줍은 미소로 마주한다. 얼마 동안이나 그렇게 잠들어 있었는지 가늠하기조차 쉽지 않다. 언제까지나 저물지 않을 것 같던 내 청춘도 먼지 쌓인 책들의 침묵과 함께 누렇게 바래지고 말았다.

책상 서랍을 하나씩 연다. 누군가가 나를 대신하여 이 자리를 새롭게 지켜 가겠지. 내가 남긴 세월의 더께를 말끔히 지우고, 그가 새 마음으로 출발할 수 있도록 정성을 다해야 한다. 마지막 남은 서랍을 끄집어내자, 안쪽으로 깊숙하게 떨어져 있던 하얀색 주머니가 눈에 들어온다. 끈으로 조여 있는 것을 풀고 내용물을 확인해 본다. 잡동사니 가운데 머리를 번개처럼 때리는 자그마한 물건과 눈길이 마주친다. 젊은 시절, 늘 책상머리에 기대어 나를 바라보던 녀석이다.

언젠가 추운 겨울, 마음이 따뜻한 친구와 함께, 머릿속에 까마귀처럼 버티고 있는 어둠을 털어내고자 떠난 여행길에서 거둔 것이다. 파도가 넘나드는 새벽 바닷가를 걷는데 유난히 눈에 띄는 돌멩이가 있었다. 손안에 쏙 들어오는 작고 귀여운 녀석으로, 모래밭에 덩그러니 홀로 있는 것이 신기하기도 하고, 한편으론 안쓰러운 마음이 들어서 주머니에 넣어두었다.

그렇게 인연을 맺었던 녀석의 몸에다 한자로 '일모도원日暮途遠'이라 적고는 책상머리에 붙여 놓았다. '날은 저물어도 길은 멀기만 하다.' 중국의 사기史記에 나오는 말이었는데, 이 구절이 그 당시 갈피를 못 잡던 내 마음에 진하게 다가왔었다. 인생길도 이와 다르지 않을 것이라는 생각을 했다. 부족하고 아쉬움뿐인 삶에서 내 앞에 놓인 시간을 헛되이 쓰지 말고, 의미 있는 결실을 위해 성실을 다하자는 다짐도 곁들였다. 세월을 이기는 장사가 없는 법이니, 주어진 시간 동안 내 삶을 후회 없이 곱다랗게 가꾸어 가리라는 굳은 결의도 했다.

언제쯤, 무슨 생각에서 그것을 서랍 깊숙이 넣어 두었는지 딱히 기억나진 않지만, 결혼 생활 다음에 닥치는 현실의 소용돌이 속에서 까마득히 그 존재를 잊어버렸을 거다. 이 자리를 비워야 하는 마지막 순간에, 은밀히 숨겨두었다가 찾지 못했던 보물처럼 툭 나타나서는 물러간 시간을 되돌아보게 하고, 아릿한 감상에 젖어 들게 한다.

잠시 손 안에 놓고 살며시 쥐어본다. 아무런 세월의 무게가 느껴지지 않는다. 지금껏 지나쳐 온 시간이 파노라마가 되어 눈앞을 펼쳐 지나간다. 애써 얻고자 하고 이룬 것은 무엇일까. 뚜렷하게 쌓아 놓은 것이 없다. 그렇다고 손가락질 당할 만큼 부끄럽게 살거나, 마땅히 해야 할 일에 등을 돌려 남에게 누가 된 기억도 크게 없다. 막상 내게 주어진 그간의 인생 시간표를 접으면서, 좀 더 노력할 수 있지 않았을까 하는 자성과 더불어, 주변 사람들과 함께한 소중한 인연을 더욱 값있게 가꾸지 못했다는 아쉬움이 짙게 남는다.

많은 요청이 있었음에도 공식적인 퇴임식을 모두 물리쳤다. '떠날 때는 말없이' 라는 노랫말처럼, 소리 없이 그림자처럼 물러가리라고 마음먹었다. 그러나 아쉬움을 잠깐이라도 나누고 싶다는 동료의 간청까지 물리치지는 못하고, 자유롭게 원하는 사람끼리의 만남이라는 말에 약속 장소로 나갔다.

아뿔싸, 그저 몇몇만이 있으리라는 예상이 크게 빗나갔다. 커다란 홀 안에 4, 50여 명쯤으로 여겨지는 사람들이 들어차 있었다. 간단히 술 한 잔 나누며 그간의 회포를 풀려는 생각에, 인사말조차 꾸리지 않고 나갔으니 몹시 당혹스러울 수밖에 없었다.

"떠나시는 분의 말씀을 듣겠습니다." 하고 사회자가 운을 떼면서 나는 자리에서 엉거주춤 일어났지만, 잠시 머릿속이 텅 빈 듯했다. 어쩌면 이런 갑작스러운 상황에서 떠오르는 말이 한층 진솔한 이야기일지도 모른다는 생각을 하며 입을 열었다.

'오늘 뜻하지 않게 이렇게 많은 분이 참석해 주셔서 지금 너무 행복하다. 퇴임을 앞두고는 흑석동 시절이 때때로 떠올랐다. 예전엔 그래도 나름의 낭만이 있었지만, 이곳 도곡동으로 옮겨 와서는 너무 전투적으로 살아온 듯한 느낌을 지울 수 없다. 우주적인 시간으로 본다면 여러분과의 만남은 기적 중에서도 기적 같은 일이다. 그간 동시대인으로 함께할 수 있었던 소중한 인연에 깊이 감사하고 있다. 인생은 사는 것이 아니라 꿈을 꾸는 것이라고 했다. 앞으로 남은 기간, 여러분이 간직한 소중한 꿈을 아름답게 가꾸어 가길 기원한다. 모두들 늘 건강하고 가정 안에 화평이 함께하길 빈다.'

대충 이런 이야기를 했던 것 같다.

끝은 곧 새로운 시작을 의미한다고들 말한다. 선택의 여지도 없이 왔다가 한 번뿐인 삶을 살면서, 어떻게 하면 의미 있는 인생으로 가꾸어 갈 수 있을까에 대해 고뇌해 보지 않은 사람이 없으리라. 그러나 막상 밀물처럼 쏟아져 오는 인생의 파고 속에 갈 길을 잃고 방황한 세월이 얼마던가. 간신히 정신을 추스르고 지난날을 되돌아볼 즈음이면, 이미 해는 저물어 가지 못한 먼 길만이 어둠 속에 묻혀갈 따름이 아니던가.

2015년 가을은, 오랫동안 가을앓이로 살아온 내게 또 하나의 과제를 던져준다. 저물녘의 노을이 그리도 붉게 타오르듯, 내 앞에 남아 있는 삶도 이 가을의 단풍처럼 더욱 곱고 아름답게 물들어가야 한다는 것을. 이 계절이 내게는 입술이 타들어 가는 목마름도 주었지만, 이제는 마음 밭에 널려 있는 곁가지들을 모두 모아 흐트러지지 않게 묶고, 차곡차곡 쌓아가며 거두는 일에 힘을 기울여야 한다는 것을.

(『한국수필』. 2016. 1월호)

돌아오지 않는 강

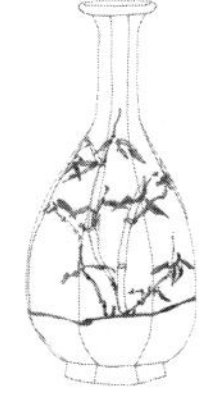

소복을 휘감은 설악산이 눈앞에 길게 펼쳐져 있다. 산책길에서 마주한 설산이, 때마침 쏟아지는 햇살을 품어 마법이 숨 쉬는 환상의 성처럼 신비로운 미소를 머금고 있다. 계절마다 색다른 아름다움을 간직하고 있지만, 겨울산이 갖는 매력은 그 중 압권이다. 툭툭 불거지고 다부진 근육처럼 드러난 맨살 사이로, 눈부신 백설이 옷깃을 여미고 있다. 새롭게 돌아올 봄을 기다리며 마지막 몸단장이라도 하려는 것일런가. 이 순백의 아름다움은, 세월이 아무리 날개를 저어도 세세만년 한 모습으로 저 자리에 머물러 있을 듯하다.

산책에서 돌아오는 길에는, 한겨울 냉기를 거스르며 침묵하고 있는 너른 들판을 만난다. 추수가 끝나 방치된 논과 밭은 빈 가슴을 드러내고 긴 휴식을 하고 있다.

이곳에 처음 왔던 6월에는, 불꽃같은 태양 아래서 싱싱한 농작물들이 온통 초록의 힘 하나로 불어오는 실바람 따라 출렁거렸다. 가을로 접어들자, 이번에는 모두가 똑같은 황금빛 갈옷으로 갈아입고, 날아드는 새들과 어울려 목청 높여 풍성한 세월을 노래했다.

그 넘쳐나던 자태도 잠시뿐, 온몸이 잘려나가고 발목만 남은 밑동아리가 벗어 놓은 짚신처럼 줄을 지은 채, 시린 발을 동동거리고 있다. 때마침 골짜기로부터 어루만지듯 산바람이 휘리릭 황량한 들을 지난다. 텅 빈 들판을 바라보며 조금씩 저물어가는 내 인생길을 떠올려 본다.

자연이 그리는 시절은 때를 잊는 법이 없이 돌아오고, 머지않아 이 메마른 대지에도 봄둥이가 부르는 노래 속에 연초록 향연으로 가득하리라. 그렇게 시절은 또 순환되고, 역사의 수레바퀴가 되어 결이 고운 나이테를 만들어 가리라.

자연의 모습과 달리, 내 인생에는 저처럼 다시 돌아올 봄이 없다는 사실이 머릿속을 먹먹하게 한다. 한 번 지나치면 그뿐, 그 푸르던 계절이 다시 올 수 없음은 마음을 아리게 한다. 돌이켜보면, 소중하고 마디게 써야 할 순간들을 너무 무가치하게 버리고, 숱한 감정의 소비를 겪느라 정작 가야만 했던 길을 잃기도 했다. 이제 비어 있는 들판에 홀로 선 듯한 쓸쓸함과 적막감이 남았다.

그동안 쌓아온 삶의 무게를 저울질해 보면 얼마나 될런가. 스스로 부끄러움에 고개를 저어본다. 끊임없이 채워야 할 것 같은 압박감 속에서 인생의 계절이 저물어감도 깨닫지 못하고, 눈앞에 보이는 그림에만 한눈을 팔기도 했다. 물줄기를 거슬러가는 연어의 처절한 몸부림처럼, 알지 못할 힘에 이끌려 숨 가쁜 삶을 살아온 것만 같다. 다시 돌아올 리 없는 인생의 유전 앞에 삶이 덧없음을 절감하게 된다.

100세를 코앞에 둔 노 철학자가, 자신은 다시 태어나도 60대로 태어나고 싶다는 고백을 해서 화제를 모았다. 그 나이쯤 되면 불필요한 시샘과 무리한 욕심을 버리게 되고, 비로소 충실하게 자신의 내면을 들여다볼 수 있는 지혜가 생길 수 있을 것이다. 그런 바탕에서 세상을 향한 혜안이 열리고, 알짜배기 알곡을 모으는 결실이 뒤따르게 된다는 의미일 거다. 적어도 60대는 돼야 그런 가치와 소중함을 깨달을 수 있었다는 자신에 관한 고백이기도 하다.

100세 가까이까지 쉼 없이 활동하고 열정적으로 저술 활동을 해왔던 그분의 처지에선 당연한 소회일 수 있다. 그러나 누구나 그런 삶을 살 수 있는 것은 아니지 않은가. 귀하고 의미 있는 말씀으로 귀담아듣고 감동을 하면서도, 선뜻 다가가기 어려운 대목이기도 하다.

다시 태어날 수 있다면 나는 단연코 푸르던 그 시절로 돌아가리라. 무한한 상상과 주변에 대한 열정적인 사랑은 물론, 멈출 줄 모르는 호기심의 바다에 뛰어들어 끝없는 항해를 하고 싶다. 먼 앞날에 대한 곱다란 꿈을 설계하고 그것을 향해 힘을 모두어 나아가고도 싶다. 넓은 마음으로 세상을 품고, 그 따뜻함을 모든 이와 정겹게 나눌 수 있다면 더욱 풍성한 시절을 누리지 않겠는가.

돌아올 찬란한 계절 앞에 인고의 시간을 보내며 찬바람을 이기고 있는 들판을 거닐면서, 다시 못 올 내 인생의 봄을 아스라이 그려본다. 설악의 골마다 아름답게 피어나는 눈꽃은 세월의 유전에도 변함없이 지속하리라. 그 영원을 간직한 모습 속에 항거할 수조차 없이 유한하기만 한 내 삶이 겹쳐지면서, 인생이 덧없음을 가슴 시리게 느낀다.

돌아오는 봄엘랑 이 산, 저 산을 다니며 다시 돌아온 계절에 흠뻑 빠져봐야겠다. 돋아나는 애기풀잎 하나하나, 터트린 꽃망울 모양 모양마다 살펴가며 자연의 오묘한 신비를 느껴봐야지. 그들을 통해, 돌아오지 않는 강처럼 흘러가 버린 나의 계절을 흠향하며 못다 한 영원과의 교감을 진솔하게 나누고 싶다. (2017. 2. 27.)

마지막 남은 달력이 건네는 말은

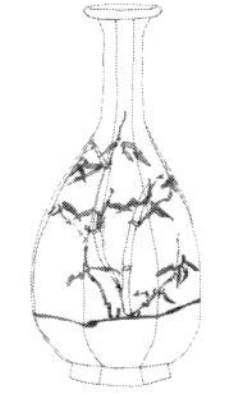

11월 달력을 넘기며 마지막으로 턱걸이하는 12월과 마주한다. 한 해를 마무리하는 끝자락으로 넘어서자마자, 저물어 가는 세월을 재촉하듯 갑자기 공기가 썰렁해진다. 아침 출근길을 재촉하는 가운데, 바람결 따라 갈길 몰라 방황하는 가련한 낙엽들이 눈에 밟힌다. 그 모습을 바라보는 동안, 왠지 마음속으론 올해를 빈손으로 지나온 것 같은 허전함이 자리 잡는다.

책상에 앉아 잠들어 있는 달력 앞장들을 깨우며 여기저기 적혀 있는 기록들을 훑어본다. 친구나 지인들과의 약속, 여러 모임, 결혼식과 가족 생일, 결혼기념일, 병원 검진 예정일, 부모님 기일 등, 매년 반복하여 기억할 일과 새롭게 새겨진 내용으로 그득하다. 1년 동안 걸어온 발자취가 동영상으로 천천히 재생된다.

하나하나 짚어가며 그 시점에 잠시 머물러 본다. 때론 입가에 미소가 흐른다. 어떤 날에서는 한참을 머물러가며 깊은 상념에 잠기기도 한다. 가장 마음 뻐근하게 다가오는 것은, 아무래도 정겨운 사람들과 영원한 이별을 했던 순간이다. 가슴 한구석이 시리기 짝이 없다. 한 해를 보내면서도 아픔과 감사와 기쁨이 서로 교차하는 가운데, 여러 색실이 서로 몸을 섞어가며 긴 머릿결을 땋은 것처럼 알록달록한 시간의 무늬를 이루고 있다.

한 치 앞의 일조차 가늠하지 못하며 돌진해 오는 시간 앞에, 온몸을 숨김없이 노출하고 살아가는 우리네 삶이 아릿한 느낌으로 다가온다. 특히나 달랑 한 장 남은 달력과 마주하다 보면, 묵었던 지난 세월까지도 합세하며 끝없는 생각 속에 빠져들게 된다.

대부분 기억조차 할 수 없이 헐렁한 손가락 사이로 흘려보낸 세월은 도대체 얼마던가. 성경 전체에 흐르는 내용을 딱 한마디로 요약하자면 '사랑'이라는데, 앞서간 나의 삶은 무슨 말로 정리해 볼 수 있을까, 적절한 말이 선뜻 떠오르지 않는다. 게다가 긍정적이며 밝고 산뜻한 단어보다는, 우중충하거나 어둑하며 아쉬움으로 점철된 복합어들만이 머릿속을 헤집는다.

되돌아보면, 1년이란 시간은 그저 한숨 자고 난 것같이 잠깐처럼 느껴진다. 무엇을 손안에 모아 두었는지 무게가 느껴지지 않는다. 그런 세월을 수십 번씩 되풀이해왔지만, 주어진 시간은 언제나 뜬구름 잡듯 신기루가 되어 허망하게 사라지고 말았다. 우리가 가진 기억이라는 창고 속에 도사리고 있는 숱한 사연들은 유통 기한도 없이 머물러 있지만, 정작 대부분은 버려진 채 방치되기 십상이다. 간간이 의식의 밑바닥에서 낙엽처럼 구르다가 불시에 튀어나오기도 한다.

인간은 어차피 후회의 동물일 수밖에 없나 보다. 마냥 흘려보내고 떠나보낸 후에야 그리워하고 못내 아쉬워하니 말이다. 올해도 그와 같은 되풀이가 이어지는 듯하여 옆구리 한쪽이 마냥 허허롭다.

지난날을 돌이켜보면, 무한궤도를 달리듯 무엇인가에 홀린 채 쫓기며 살아온 삶이다. 뭔가 이루지 않으면 안 될 것 같은 강박관념 속에서 용틀임하며 지나온 시간이다. 그런데도 그토록 갈구했던 바를 막상 원하는 만큼 이룬 것 같지가 않다. 어쩌다 우연히 다가온 운명의 수레를 얻어 타고, 내 뜻과는 무관하게 또 다른 길을 걸어온 듯한 느낌을 지워버릴 수 없다.

사람의 운명이라는 것이 자신의 노력으로 얼마든지 달라질 수 있다고들 하는 말에 어느 정도 동의는 한다. 하지만, 살아오면서 더 많은 부분이 내 의지와 무관하게 흘러왔다는 생각을 더 자주 하게 된다. 그토록 힘겹게 타울거리며 얻은 것은 무엇일까. 그것이 내가 할 수 있는 최선이었으며 가장 아름다운 것이었나. 혹시 속물적인 현실의 삶을 쫓다가, 욕망이란 불꽃 속에 정말 소중하게 가꾸어야 할 것들을 홀랑 태워 버리지는 않았을까 하는 아쉬움이 꼬리를 물고 놓지 않는다.

세월이 깊어가면서 점점 일상도 후줄근해져 가는 마당에, 올 따라 이런 생각이 깊어가는 까닭을 모르겠다. 아마도, 얼마 지나지 않아 반평생 동안 머물던 보금자리에서 떠나야 하는 복잡한 심상에서 비롯된 것이 아닐까 싶다. 이유가 어디 있든, 스스로 원했었는가의 여부와 관계없이,

선택에는 책임과 의무가 따르게 마련이다. 그 부분으로 인하여 우리는 살아가는 동안 벗을 수 없는 무거운 짐을 머리에 이고 가야 한다. 어렵사리 그것을 극복해 가는 과정에서 때론 깊은 좌절이 따르기도 하지만, 의외의 결과나 성과를 얻고 새로운 삶을 향한 희망과 살아온 보람을 맛보기도 한다. 그동안 내가 했던 많은 선택이 앞으로의 삶에서 굴곡진 그늘로 드리우지 않기를 소망해 본다.

한 장 남은 12월의 달력을 물끄러미 바라본다. 이제는 집요했던 세상을 향한 집착에서 손을 거두고, 흐르는 물에 배를 띄우듯 자신을 스스로 놓아버리고 싶은 마음이 슬그머니 가슴팍으로 스며든다.

12월의 달력도, 내게 마음속의 소란을 재우고 이제는 조용히 기다리며 지켜보는 삶을 살라고 한다. 쉼 없이 다가오는 운명의 그림자가 달그림자처럼 스르륵 지나치듯, 그렇게 한껏 내맡기고 살라는 말을 건네는 듯하다. (한국수필작가회 연간집. 2015. 29집)

2

내 마음의 강

이어달리기

지난해, 여름으로 가는 길목에서 원인을 알 수 없는 장염에 걸려 한 달 넘게 고생한 적이 있다. 동네 병원에서 진료를 받고 처방한 약을 먹어도, 이렇다 할 차도 없이 고통은 계속되었다. 제대로 식사를 하지 못하니 차츰 몸이 허룩하고 두 볼이 오목해지면서, 평소에 입던 바지가 허리춤에서 겉돌기 시작했다. 몸 따라 마음도 바닥을 치자 피로까지 함께 몰려와, 툭하면 병든 병아리처럼 쪽잠이 몰려왔다.

주말이었던 어느 날 오후인가, 도무지 앞길이 보이지 않는 안갯속을 헤매다가 꿈속에서 깨어났는데, 갑자기 모든 세상 기억이 날아가 버리고 없었다. 내가 누군지, 지금이 어느 때인지, 머릿속은 대낮에 걸린 창백한 달처럼 하얗게 바래져 있었다. 간신히 정신을 수습하고, 비스듬히 창가에 걸린 채 마지막 낮빛을 붉히고 있는 하루의 해를 바라볼 수가 있었다.

세면대로 가서 머리를 틀어박고 찬물을 쏟아 부었다. 얼마간 지나면서 언 몸을 녹이듯 의식이 서서히 살아나기 시작했다. 고개를 들자 눈앞에 누군가가 날 바라보고 있다. 아니, 이럴 수가 있나! 놀랍게도 눈앞 거울 속에서 돌아가신 아버지가 나를 보고 계셨다.

살집이 없어 양 볼이 쏙 들어가고, 눈꼬리가 급하게 내려앉은 모습이 생전과 똑같다. 영원할 것 같던 내 앞의 시간이 언제 이렇게 저물어, 그 분의 세월을 따라왔는지 알 수 없는 노릇이다. 멀고도 마딜 것 같던 시간의 간격이 이렇게 서로 맞닿아 있다는 생각이 들자, 당혹스러움과 함께 마음이 산란해졌다. 잠시 나는 잃어버렸던 시간 속으로 걸음을 옮긴다.

청소년기에 난 거울을 잘 보지 않았다. 아니, 보기를 꺼렸다는 표현이 맞을 것이다. 시시때때로 솟구치는 자의식이 송곳처럼 쉼 없이 찔러대던 고된 시절을 보냈기에, 거울 속의 내 모습을 보며 은결들기에 십상이었다. 투영되는 자신을 향해 수없이 화살을 쏘아대는 자학이 일면 두렵기도 한 때문이었다.

군 생활을 하면서는 자의 반, 타의 반으로 거의 거울을 보지 않았다. 더구나 졸병 시절에는 아예 그럴 기회조차 없었다. 신병 훈련을 마치고 자대에 배속되어 전입 신고를 하면서, 중대장 뒤쪽에 걸려 있던 커다란 거울로 나를 얼핏 바라본 것이 군 생활 중 처음이었다. 아프리카 토착민 같은 얼굴을 하고 체형보다 큰 옷을 헐렁하게 걸친 채, 어색하기 짝이 없는 모습으로 서 있는 낯선 사내가 보였다.

그 이후, 내 뜻과는 무관하게 변모하여 가는 자신을 바라보는 것이,

달력을 한 장씩 떼어낼 때의 느낌처럼 꺼림칙했다. 그러나 어쩌랴, 그렇게 외면하며 지내던 동안에도 세상 시간은 흐르고, 내 몸조차 바뀌어 갔던 것을.

보기를 꺼렸던 거울 속에서 우연히 아버지 모습을 발견한 날, 문득 그분이 살아온 세월을 이어 달리고 있다는 묘한 생각이 들었다. 넘기 어려웠던 아버지의 그림자를 이제는 내가 등에 지고 가고 있다는 느낌이 무심결에 다가왔다.

험한 굴곡의 시대를 겪으며 살아오셨을 그분의 인생에 대해서, 별로 깊게 생각해 본 적이 없었다. 아버지라는 이름으로 내가 살면서 비로소, 한 많은 세상사에서 아버지가 간직했던 밀랍같이 견고했을 고뇌를 아린 가슴으로 되돌아보게 되었다.

순간순간 다가오는 온갖 어려움과 혼돈의 와중에서, 혼자만이 겪는 일처럼 흔들거렸던 지난날을 돌아보며 쓴웃음을 지어본다. 세상 사람 누구에게도 시간의 도약이란 있을 수 없는 일이다. 주어진 순간순간을 하나씩 겪어 갈 수밖에 없는 것이 우리의 숙명이다. 살아 보지 않은 세월이라 해서 쉽게 단정하거나 예단해서는 아니 된다는 것을, 기울어 가는 인생의 뒤안길에서 저리게 느끼고 있기도 하다.

아버지와의 만남을 통해, 기억의 굴레에서 멀리 벗어나고자 해도 자신 의지와는 무관하게, 어느 때가 되면 살아온 모습들이 새록새록 되살아날 수 있음을 본다. 어쩌면 미처 깨닫지 못했을 뿐, 지나온 발자취를 옆구리에 끼고 사는 게 인생이 아닐까도 싶다. 그리하여 함께하며 흘려보낸 지난날은 언제라도 기억 저편에서 여명처럼 되살아오며, 삶이 저물어 갈

수록 더욱 절실한 그리움으로 젖어드는 것인지 모른다.

삶이라는 명제가 자신에게 허락된 유한한 시간 여행 가운데서만 의미를 이루고, 나는 그저 주어진 시간 동안 혼자만의 춤을 추다가, 때가 되면 무대 뒤로 흔적 없이 사라져 갈 뿐이라고 생각해 왔다. 모든 역사는 그렇게 마무리되고, 계절이 유전하면서 사람들 뇌리로부터 서서히 멀어져 가는 것이라고 믿었다.

거울 속에서 마주했던 아버지 얼굴을 떠올리며 문득, 각자에게 주어진 물리적인 삶은 짧지만, 그렇다고 혼자만의 전유물은 아닐 수도 있다는 생각이 스멀스멀 마음 한구석에 자리 잡는다.

길게 그려진 선도 결국은 모래알처럼 소소한 점들이 하나씩 모여 이루어지는 게 아니던가. 하나의 고목이 쓰러져 썩어가도, 그루터기의 작은 새싹으로 발아하여 다시 건장한 한 그루 나무로 성장해 가는 것이 아니던가. 내 역사도 자신만의 시간으로 끝나는 게 아니라, 누군가의 손으로 이어지고 멈추지 않을 시간의 나이테로 기록되는 것일 거다.

끊임없이 잠재의식의 늪으로 자신을 몰아가고, 가두어버리는 데 명수였던 지난 삶을 되돌아본다. 세상 속에서 호흡하면서도, 세상이 좇는 가치를 그토록 무의미하다고 외면해 버렸던 젊은 날을 되새겨 본다. 시적거리며 크게 거둔 것이 없어 보이는 이제까지의 인생길은, 못다 한 아쉬움 가운데에서도 누군가에게 넘겨져서, 새롭게 이루어 가야 할 가늠의 실마리가 될 수도 있다는 생각 또한 자리한다.

우주의 역사가 나만의 것은 아닐 거다. 태곳적부터 시작된 생명의 끈을 누군가가 전해주고, 대를 이어가면서 끊임없이 달리기하는 것일 거다. 나로서는 그저, 맡은 소임을 소중하게 여기며 소담하게 가꾸어 가는 것만이 최선의 길이라는 생각을 해본다. 단지 하나의 점에 불과할 것 같은 나의 삶도 점과 점으로 이어지는 긴 역사의 강줄기가 되어, 멈추지 않는 하나의 선으로 흘러갈 것이기 때문이다.

아버지의 모습 가운데 내가 머물고, 그 그늘 속에서 나로부터 비롯된 새 생명이 계속 새봄을 맞이할 것이리라. 쉼 없는 생명의 강을 흐르게 하는 원초적인 소명이 내게도 있다는 생각을 하며 옷매무시를 새로이 다듬어 본다. (한국수필작가회 연간집. 2016. 30집)

바람결에 추억을 싣고

한동안 가지 못했던 부모님 산소를 찾았다. 직장 일이 바쁘다는 핑계로 미루고 미루다가, 퇴직하고 나서야 비로소 마음을 먹었다. 얼마 전, 가문의 결정에 따라 가족묘를 조성하고, 주변에 흩어져 있던 선대 조상님까지 한곳에 모시게 되었다.

묘소는 늘푸른나무로 둘러싸여 아담하고 정갈하게 꾸며져 있다. 을씨년스런 겨울 풍경 속에서도 여전히 하늘은 청아하며, 바람결에 은빛 날개를 달고 창공을 스쳐 가는 구름장이 한가롭기 그지없다.

멀리 보이는 논두렁들이, 소꿉장난하듯 올망졸망 그물을 치고 있는 아래쪽 드넓은 분지에서, 가만히 들바람이 불어온다. 그것은 살며시 다가와 반가운 듯 얼굴을 한동안 어루만지더니, 이내 옷깃으로 숨어든다. 마치 어머니의 손길인 양 부드

럽고 포근하다.

아버지와 어머니를 모실 때도, 지금처럼 멀리서 이곳 산등성이로 별바람이 불었다. 마지막 이별을 하는 순간에 올려다본 하늘 또한 오늘처럼 청량한 쪽빛이었다. 다가선 바람은 마르지 않던 내 눈가를 닦아 주었다. 그때의 바람결을 지금껏 잊을 수 없다. 세월 따라 그것은 내게 그리움을 일깨워 주는 손길이 되었다.

비슷한 기억은 그때만이 아니다. 어린 시절, 시골을 다녀오면서도 그랬다. 하직 인사를 하고 떠나오려는데, 연로하신 할머니가 굳이 불편한 몸을 지팡이에 의지한 채 뒤따라 오셨다. 짐짓 서둘러 걸음을 재촉하고, 한참 가서야 슬쩍 뒤돌아보았다. 할머니는 그때까지 언덕 위에서 지켜보고 계셨다.

하얀 치마저고리를 입은 자그마한 몸집이 애처롭기 그지없다. 흰 치맛자락과 은백색의 머리칼이 갈대처럼 남실바람에 나부끼고 있었다. 그것이 할머님과의 마지막 만남이었다. 지금도 눈에 선연한 그 모습이 바람의 숨결과 함께 마음속 깊은 곳에 남아 있다.

어린 시절, 겨울방학이 되면 뒷동산에 올라 연 날리는 것이 일상이었다. 특히 정월 대보름쯤이면, 밥때를 잊어가며 개불놀이를 겸해서 연날리기에 열중했다. 온몸에서는 늘 불에 그슬린 냄새가 배어 있고, 여기저기 불꽃처럼 흩날리던 작은 불씨가 내려앉아 송송 구멍 뚫린 옷 꼴은 말씀이 아니었다.

방패연을 만들려고 대나무 살로 된 지우산을 가족 몰래 많이도 망가뜨렸다. 대나무 살에 붙어 있는 껍질을 잘 가다듬어 그것으로 연에 쓸대를 만들었는데, 우산이 얼마나 귀하던 시절이었던가.

그렇게 만든 방패연을 아주 세밀하게 균형 잡아 하늘에 올리면, 말로 다할 수 없는 기쁨이 찾아왔다. 된바람을 적당히 이용하여 얼레를 잘 조절만 하면, 놀랍게도 연이 거의 머리 꼭대기에서 머물렀다. 풍향만 도와준다면 온종일이라도 하늘 멀리서 춤을 추었다. 파란 하늘가를 이리저리 헤엄쳐 다니는 모습을 바라보며, 까닭 모를 환희와 함께, 넓디넓은 창공을 향하여 끝없는 동경의 나래를 펼쳤던 기억이 새롭다.

고등학교를 졸업하면서 극도로 몸과 마음이 쇠약해졌다. 어쩔 수 없이 의사의 권유에 따라 모든 걸 덮고, 친지와 손이 닿던 곳에서 요양한 적이 있다. 뻥 뚫린 하늘 외에는 바라볼 것이 없는 오지 중의 오지였다. 솔나무 숲 속에 자리 잡은 조그만 집에 거주하며 인고의 세월을 보냈다.

할 것이라고는 적당히 책을 읽는 일과 음악 듣기, 가까이에 있는 냇가를 찾거나 근처에 있는 야트막한 산을 오르는 일이었다.

하루를 힘겹게 보내고 잠자리에 들면, 가끔 한밤중에 휘릭~ 하며 지나던 바람이 창을 두드리고, 쏴아~ 하며 솔밭을 지나는 솔바람 소리가 잠결에 들려 깨어나곤 했다.

간간이 그 바람결을 타고, 사람이 내는 긴 휘파람처럼 호랑지빠귀의 울음도 서름서름하게 섞여 있다. 귀살쩍은 마음에 잠은 달아나고, 달빛이 어리어리 덧비치는 커튼과 창문을 바라보며 솔바람과 속절없는 대화를 시작한다.

젊음이 기력을 잃고 주춤거리고 있는 지금과 가지 않으면 안 될 기약없는 앞날 속에서, 그 틈새를 메우지 못해 끝없는 혼돈이 뒤따랐다. 솔바람이 거세질수록 머릿속도 난마처럼 얽히고설켜 까만 눈으로 긴 밤을 지새우기도 했다.

떨어져 있으므로 해서 스며드는 사람에 대한 그리움이 어떤 것인지, 무위에서 오는 자아의 상실감이 얼마나 고통스러운 것인가를 뼈저리게 체험한 시간이었다.

이글거리던 한여름 태양이 숙지고 지쳐갈 즈음, 마른 잎을 흔드는 건들마가 온다. 또 다시 세월이 기울어 가는 길목을 지켜보며, 나는 길 떠난 나그네가 되어 깊은 우수에 잠긴다.

떨어진 낙엽을 굴리는 갈바람은 내 의식까지 뒤흔들고, 갈피를 잡지 못하던 들썽한 마음은 정처 없이 긴 유랑 길을 헤맨다. 온 날과 스러져 간 시간은 낙엽이 되어 흩날린다.

청소년기의 선들바람은 이처럼 허무와의 싸움으로 이끌었다. 갈바람은 제목도 없는 드라마를 연출하며, 거미줄 같이 널려 있는 미로를 지나가라고 재촉한다. 그 속에서 힘겹게 자신과 씨름을 하다 탈진해 버린 지난날이 있었다.

때마다 불어오는 무지갯빛 바람을 타고, 나는 목 타는 그리움과 기다림을 배웠다. 또한, 영원을 향한 꿈결 같은 동경뿐만이 아니라 인고와 고뇌의 쓰라림도 익혔다.

그늘진 대도시의 높다란 건물 사이에서 불어오는 혼탁한 바람 속에서도, 내가 그동안 새겨 두었던 바람과의 기억을 회상하며, 다음에 이어질 사연이 한층 더 풍성하고 곱기를 꿈꿔본다.

계절이 순환함은 변함없는 자연의 철리이다. 인생의 계절이 바뀌도 그러하다. 칙칙하고 무거운 한겨울의 칼바람을 이기고, 소소리바람 따라 냇가의 버들가지가 기지개를 켜면, 온통 세상은 푸름으로 가득해지리라.

꽃바람이 머무는 들판에 형형색색의 꽃들이 다투어 피어나고, 그들이 전하는 향기로 온 누리는 금세 행복한 꿈을 꾸게 될 거다. 저리던 지난 기억은 오롯한 추억으로 새기고, 봄 내음 가득한 살바람과 더불어 새 힘을 얻으며, 내일의 소망을 키워가야지. 바람 따라 세월은 가고, 우리네 인생살이가 이어갈 삶의 이야기도 바람결에 몸을 싣고 영원한 여로를 계속하리니.

(『한국수필』. 2016. 7월호)

가을의 끝에서

건들마가 온다. 살갗을 스쳐 가는 바람결이 이전과 사뭇 다르다. 하루하루 새롭게 눈으로 다가오는 세상은 선명한 유채색으로 물들어간다.

한 해가 이렇게 기울어가고, 해시계 위에 긴 그림자를 드리우며 한층 바빠진 걸음을 재촉한다. 창밖에는 떨어져 누운 낙엽들이 숨을 죽이고, 다가올 자신의 운명을 예감이라도 하는 듯 침묵하고 있다.

한 줄기 바람이 불어온다. 바람 따라 낙엽은 제 몸을 뒤척이며 긴 한숨을 내뱉는다. 저들도 한때는 불타는 정열로 청춘을 구가하던 시절이 있었으리라. 험한 비바람을 이기며 자신에 찬 목소리로, 눈앞에 흐르는 세월 따라 당당하게 노래하던 때가 있었을 것이다.

인생의 길 또한 그러하다. 푸르던 때에는 이우

는 낙엽의 설움을 알지 못한다. 아니, 자신의 인생에서 그런 날이 오리라는 것조차 의식하지 않는다. 세상은 온통 비밀스러운 신비로 가득하고, 저물지 않을 태양이 영원토록 천지를 가득 빛낼 것이라고 믿은 채 지낸다. 그러나 그런 꿈결 같은 바람도 잠깐일 뿐, 이내 찬바람이 품 안으로 스며들어 인생의 계절이 기울었음을 알린다.

가없이 머물 수 있는 시간이란 존재할 수 없음을 깨달아 갈 즈음, 마음속으론 까만 바람이 인다. 살아온 날의 자취가 새겨진 나뭇잎이 떨어져 갈 때면, 가슴 속 기억들도 덩달아 요동치기 시작한다.

한정된 시간 속에서 용틀임하는 우리에게 인생의 진정한 의미란 무엇인가. 서로에게 주어진 삶을 함께 나누며, 눈앞에 보이는 그림만을 모두인 것처럼 누리는 것이 진정한 기쁨일까. 이웃과 소통하고 정을 쌓는 같은 시간대에 살며, 서로 크게 다르지 않음을 확인해 보는 것이 삶의 의미일런가.

그저 제때에 따른 옷을 걸치고, 저물어 가는 세월의 노을 속으로 쫓기듯 속절없이 걸어가야 하는 것이 우리가 지나야 하는 삶의 여정인 것을.

아니, 아닐 것이다. 정녕 그것만이 이유가 될 수는 없는 일이다. 그러기에 저무는 계절 앞에 기대서면, 까닭 없이 목이 마르고 입술이 타들어가며 한숨 또한 깊어가는 것일 거다. 난마처럼 얽혀 있는 숱한 미해결의 문제를 풀 길 없어 정신은 혼돈되고, 주어진 시간과의 싸움에서 지칠 대로 지쳐 절망스럽게 도리질하며 등을 돌리고 마는 것이다.

이 계절에 한층 가슴 서늘한 기운을 떨치기 어려운 까닭은, 내 곁을 떠나간 많은 죽음 때문이다. 세월이 흐름에 따라서 온 데로 되돌아가기도 하고, 질병이나 갑작스러운 사고 때문에 아깝게 유명을 달리한 친구와 친지들도 많았다. 더구나 한창의 나이에 꽃잎처럼 스러져간 영혼들이 안타깝기 그지없다. 함께 못다 한 시간과 서로 나누어야 했을 사연들이 아쉬움으로 남아 가슴을 옥죈다.

그래서인지 추락하는 낙엽의 기운에서조차 죽음의 전율이 느껴진다. 다 버려두고 빈손으로 떠나야 하는 사람의 좌절은 말할 나위도 없지만, 남겨진 자들의 멍울과 고통은 폐부를 찌르는 아픔이 되어 아릿한 회한 속에 눈앞을 흐려 놓는다.

낙엽 지는 뜰을 서성대며, 우리는 그 깊은 우수의 그늘을 벗을 수 없어, 산란하기 그지없는 불면의 밤을 보내야만 한다. 삶과 죽음 사이의 간극을 어찌할 수 없어 가슴을 쓸어내리는 고통 속에서 몸을 떨어야 한다.

죽음에 대한 두려움은 어디서 오는가. 잊힌다는 것에 대한 상실감 때문일까. 다시 만날 수 없는 아쉬움 뒤로 남겨질 서글픔 때문인가. 생을 얼마 남겨 놓지 않은 시점에서 휑한 얼굴로 바라보던 모습들이 잔상으로 남아서 잠자리를 뒤척이게 한다.

바라보는 서로의 입장이야 다르지만, 죽음이라는 단절된 이별 앞에 만감이 교차하는 것은 다를 바가 없다. 누구도 피해 갈 수 없는 대명제를 사이에 두고 외면할 수 없는 거리가 그 안에 존재한다.

한쪽은 떨어져 흩날리는 낙엽이 되고, 다른 한편은 지는 나뭇잎을 바라보며 손사래 치는 방관자가 될 뿐이다. 무엇 하나 거들어 볼 수 없는 무력함에 고개를 떨구고 할 말을 잃어버릴 따름이다. 우리의 판단이나 능력과 바람을 벗어난 먼 세상의 이야기가 된다.

가을은 정녕 이렇게 애잔한 아픔을 겪게 하는 계절이다. 젊은 시절에 가끔 느끼던 어둑한 낭만의 그늘이 아니라, 이제는 삶의 무게를 넘어선 영원과의 교감이 다가오는 시간이다. 새록새록 자라나는 푸른 꿈 대신, 힘에 부친 세월의 짐을 지고 잔가지들을 정리해야 하는 인고의 순간이다.

이즈음, 멀리 떠나 있고 싶은 마음이 간절하다. 나 혼자만의 시간 속에 속절없이 머물고 싶어진다. 지금 이 순간을 홀연히 빠져나와, 낙엽 쌓인 깊은 산 속에서 내 영혼과 못다 한 대화를 밤새도록 나누고 싶다. 곱지 못했던 일상의 일그러진 모습들을 모두 지워버리고도 싶다. 그저 혼곤히 잠자고 있던 자아와 마주해서 살아온 날들을 셈해 보고, 올 날들을 새롭게 준비할 밑그림을 새삼스럽게 그리고 싶어진다.

조락의 이 계절을 덧없이 흘려보내고 마는 세월의 찌꺼기로 남겨서는 안 된다. 한숨과 미련으로 자학하는 감상感傷의 사치가 되어서도 아니 된다. 엄연한 자연의 섭리 가운데 말없이 운행하는 질서일 따름이다. 때가 되면 새롭게 시작해야 할 새 생명의 씨앗이다. 헐벗은 나목들도 고독한 그늘 속에서 부지런히 내일을 준비하며, 소리 없는 노래로 우리의 정신을 일깨우고 있지 않은가.

검게 드리운 장막을 걷자. 굳게 닫혀 있는 마음의 창을 열자. 이 가을의 내음을 흠뻑 가슴으로 들이마시자. 아픔이 회한으로 남는 현실의 벽을 넘어서 영원토록 꿈꾸어도 좋을 먼 우주를 바라보자. 그저 티끌에 불과한 인생에도 가꾸어야 할 소중한 시간이 존재함을 감사하면서.

겉도는 마음으로 헐벗은 황무지를 바라볼 것이 아니라, 다시 돌아올 희망의 계절이 있음을 노래하자. 마지막 이파리 하나만 남는다 해도 주어진 운명의 끈을 굳건히 잡고, 살아온 흔적을 쉼 없는 발걸음으로 가슴 깊이 간직해 가면서…….

(『강남문학』. 2013. 19집)

내 마음의 강

고즈넉한 저녁, 눈 쌓인 한강 변을 걷는다. 한겨울 찬 공기를 마시며 발밑에서 꺼져가는 눈밭의 아우성을 듣는다. 홀로 걷는 이 순간만큼은, 잡다한 일상에서 벗어나 온전히 스스로 몰두할 수 있는 나만의 시간이다. 단절됐던 기억과 멈칫거리기만 했던 삶의 그늘을 하나씩 떠올려가며 빗질하듯 마음을 추슬러본다.

목마른 갈대숲에선, 긴 머리칼을 휘날리며 바람결에 노래를 실어 보내는 갈대의 속삭임과 하루를 마무리하기에 바쁜 새들의 합창이 한창이다. 무엇 하나 남아 있을 것 같지 않은 차디찬 강바람에도, 이렇게 자연이 거느린 숨결은 멈추는 일이 없다.

강가로 다가서면, 바다처럼 멀리까지 시원스레 펼쳐져 있는 한강이 한눈에 들어온다. 검푸른 물결이 넘실대는 사이로, 겨울 철새들이 추위도 잊고 떼를 지어 한가로이 자맥질하고 있다. 한 떼의 무리는 날렵하게 하늘로 박차고 올라, 상승 기류에 몸을 맡기고 평화롭게 자유 비행을 즐긴다. 한 폭의 풍경화가 따로 없다. 모든 시간이 문득 정지하여 있는 듯하다. 건너편 멀리 숨죽인 채 서 있는 고층 건물이나 물길을 가로지르며 당당히 버티고 있는 교각들만이, 내가 존재하는 현실의 시간임을 깨우쳐주고 있을 따름이다.

강가에 앉아 강물을 바라본다. 깊은 물길은 아무런 표정도 없이 흘러간다. 저 많은 강물은 어디서 오는 것인가. 알지 못할 곳에서 시작된 빗방울 하나하나가 모여 골을 이루고 내를 만들며, 이윽고 모두 한 몸이 되어 지나온 세월을 반추하는 것이 아닌가. 이렇게 오랫동안 한 걸음씩 지속하여 온 인고의 시간을 통해 오늘의 만남이 있는 게 아니던가. 그 흐름을 이어온 발자취가 한층 더 감동으로 다가온다.

흐르는 건 강줄기만이 아니다. 그 물길 따라 시간도 흐른다. 말없이 소리도 내지 않고 도도히 흘러만 간다. 흐르는 물처럼 시간은 되돌아오는 법이 없다. 잠깐의 동요나 멈춤 없이 무심하게 제 갈 길만 재촉하고 있다. 강물은 눈으로 확인할 수 있는 대상이지만, 시간은 보이지도 만져지지도 않는다는 것이 다를 뿐이다.

내 안에 웅크리고 있던 의식의 강도 물결을 따라 흐른다. 언제부터 깃들게 되었는지 알 길 없는 내 그림자의 잔영들도 깨어나 흐르기 시작한다. 흘러가 버린 강물이나 시간은 되돌아오는 법이 없지만, 내 마음의 강과 시간은 그러하지 않은가 보다. 흐르다가 멈추고 한동안 제자리에 맴돌고 있을 뿐만 아니라, 어느샌가 왔던 길로 한참을 되돌아가 잠들어 있던 기억들을 찾아내기도 한다.

물리적인 시간의 흐름 속에 삶이라는 시간표는 예정된 바대로 여전히 진행되고 있지만, 그 안에서 숨 쉬고 있는 내 의식은 끊임없는 반란을 예고하고 있다. 흘려보내지 못한 세월의 껍데기와 산적한 삶의 찌꺼기가 남아, 곳곳에 복병처럼 몸을 숨기고 있다. 마치 타임머신을 탄 듯 아득한 지난날로 돌아가기도 하고, 가보지 못한 먼 미래를 에둘러 보여주기도 한다. 가슴 벅찬 환희로 가득한 장면이 연출되다가, 더없이 캄캄한 나락으로 추락을 하고, 예견할 수 없는 불안에 떨기도 한다. 나는 시간이라는 날개를 달고 시공을 넘나드는 유랑객이 된다.

헤르만 헤세의 『싯다르타』가 떠오른다. 브라만의 아들이라는 지위였음에도, 자아에서 벗어날 수 있는 참 진리를 찾기 위해 길을 떠나 사문생활을 하는 싯다르타. 하지만 그는 세존인 고타마를 만나 지도를 받았음에도 사변적인 가르침으로는 해탈할 수 없음을 알고 정신적인 방황을 한다.

그런 과정에서 카말라라는 여인에게 빠지고, 상인으로 살면서 부를 추구하는 세속적인 삶을 산다. 그런데도 감각과 본능의 세계에서 채워지지 않는 생의 허무를 깨닫고, 다시금 길을 떠난 싯다르타는 예전에 이미 건넌 적이 있던 강에 다다른다.

그곳에서 뱃사공 바주데바를 만나게 되고 그와 오랜 대화를 통해 마침내 강의 진리를 깨우친다. 바주데바가 떠난 후, 흐르는 강물을 바라보며 그는 드디어 최고의 경지에 이르는 수행을 이룬다. 강은 싯다르타에게 존재하던 모든 모순이나 대립을 융화시키며, 새롭게 생명을 재탄생시키는 상징적인 대상으로 각인되고 있다.

세월은 흐르고, 인생의 계절이 바뀔 때마다 점점 내 마음도 바빠져 간다. 해시계가 차츰 기울어 감을 느끼기 때문이다. 마음 한구석에서 깃발을 흔들며 서두르라는 무언의 압박이 점차 강도를 더해 가고 있다.

원하든 원치 않든 간에, 삶의 도정에서 상처 입은 우리의 영혼이 어디 한둘이겠는가. 그 무거운 짐을 내려놓지 못하고 지금까지 끌고 다니는 내 모습이 강물에 투영되어 눈앞에 어른거린다. 추억은 남겨짐으로써 아름다울 수 있지만, 의식의 밑바닥에 남아 있는 쓴 뿌리들은 헤쳐나가야 할 우리의 삶을 피폐하게 할 뿐이다.

고고히 흘러가는 저 강물 위에 마음속 쓴 뿌리들을 모두 흘려보내고 싶다. 아름다운 기억만을 모아서 기쁨과 희망이라는 배를 띄우고도 싶다. 우중충한 무채색 배경을 거두고, 밝은 희망의 빛으로 가득한 새 인생을 그릴 수 있다면, 더할 나위 없는 축복이 될 것이다.

흐르는 물은 썩지 않는다. 쏜살같이 내달리는 시간은 되돌아봄이 없다. 유독 나약하기만 한 내 안의 의식은, 내달림도 없이 한 길로 나아가지도 못하면서 주변만을 기웃거리고 있다. 상처 입고 외면당한 상념의 조각들이 마음 깊은 곳에 남아서, 시간의 흐름을 거스르며 그늘을 드리우고 만다.

영혼을 어지럽히는 어둠의 세력들을 몰아내자. 저 강물의 거대한 흐름 속에 남김없이 흘려보내자. 되돌아오지 않는 시간의 뒤안길에서 주어진 삶의 의미를 새롭게 되새겨보면서. 꾸밈없는 성찰과 의미 있는 시간의 창출을 통해서, 못다 한 지난날의 아쉬움을 극복해가는 발걸음을 서둘러야겠다.

자리를 훌훌 털고 일어서자, 차가운 강바람이 힘껏 내 등을 떠민다.

(『한국수필』. 2014. 4월호)

9월의 정물화

온 누리를 태울 기세로 높이 솟아서 이글거리던 태양. 그러나 9월이 이슥해지자 언제 그랬냐는 듯 꼬리를 내리고 몸을 낮추고 있다.

선들선들한 바람이 창을 스치는 휘파람 소리에 눈이 저절로 창가를 향한다. 가만히 창문을 열고 망연히 내다본다. 바깥 세상은 한 폭의 정물화처럼 고요하다.

식을 줄 모르는 열정으로 이파리를 내며 온몸을 살찌우던 가로수들이, 이제는 입고 있던 옷조차 거추장스러운지 하염없이 팔을 펼치고는 하늘만을 응시하고 있다. 푸르던 자태마저 기력을 잃고 움직임이 없다. 시간의 흐름도 날갯짓을 멈춘 채 허공에 걸려 있다.

8월과 10월 사이에 목이 꼭 끼어버린 9월, 9월이 이렇게 비밀의 문처럼 정지된 시간으로 다가오고 있다. 풍성하게 생명을 구가하던 시절도, 가을의 문턱으로 가기 전에 걸음을 잠깐 멈추고 긴 호흡을 정리하는 것이 아닐런가.

홀연히 학창 시절 미술 시간이 생각난다. 으레 한 번쯤은 거쳐 가는 것이 정물화 시간이었다. 대개는 미끈한 몸매로 서 있는 꽃병에, 앞다투어 계절을 시샘하는 꽃들을 교탁 위에 한 아름 꽂아 놓고 그리게 했다. 더러는, 아담한 바구니에 갖가지 과일이나 철에 따른 열매를 담아 놓기도 했다.

교탁 위에 놓인 정물들과 눈을 맞추다 보면, 모든 시간이 그 안에서 정지된 것 같은 묘한 느낌으로 다가왔다. 초연히 자신의 존재를 드러내 놓고도 아무 말 없는 그것들에서, 형용할 수 없는 시공의 간극이 느껴졌다.

정물들을 그리는 시늉을 하면서도 나는 마음속으로 엉뚱한 그림에 매달리곤 했다. 쪽빛 하늘가에 뽀얀 뭉게구름이 피어오르고, 힘차게 내달리는 태양이 온 세상을 일깨우는 모습을 상상하면서. 멈춰 서 있는 것에 대하여 끝 모를 서먹함과 낯선 느낌이 자리했기 때문이다. 지금 내가 내다보고 있는 창밖의 풍경처럼 무색하게, 꽃과 과일에서조차 향긋하거나 달큼한 내음을 느끼지 못하고, 내 안에 숨죽이고 있는 나와 꼬리를 물고 쏟아져 나오는 대화에 빠져들었다.

또 한 번의 유사한 경험은 군을 제대하면서였다. 자대에서 제대 특명을 받고 수용 연대를 거쳐 마침내 '고향 앞으로' 발걸음을 옮기는 중이었다. 길옆에는 늘씬하고 잎이 소담한 가로수들이 길게 도열하여 있었다. 터널처럼 통로를 이루고 있는 그 길을 아무도 없이 나 홀로 걸어 나오는데, 갑자기 이 세상 시간이 한꺼번에 멈춰버린 듯한 느낌에 빠져 한참을 멍하니 서 있을 수밖에 없었다.

군문을 뒤로하며, 그간 본의 아니게 상처 입은 기억들을 내 의식 속에서 모두 지워버리겠노라 다짐했다. 많은 이들이 마르지 않는 소재로 군생활에 관한 추억을 즐기지만, 내 안의 정서를 수없이 흠집 내고 상흔을 남긴 그 세월을, 나는 인생 시간표에서 모두 접어두기로 마음먹었었다.

가까스로 정신을 수습하고 보니, 저 멀리 좁혀져 가는 통로의 끝자락이 동전만 한 크기로 열려 있는 것이 보였다. 우주 어딘가에 존재한다는 블랙홀처럼, 그 동그라미는 나의 의식을 무섭게 잡아당기고 있었다. 마치 유체 이탈이 되어 진공 속으로 끝없이 빨려 들어가는 환상에 젖어들었다. 그 옛날 미술 시간에 정물화를 그릴 때면 날아들었던 그 느낌 그대로, 내 안의 나를 요란스레 흔들고 있었다.

잊기로 했었던 군에서의 세월, 그래서인지 등을 돌린 그 세계가 한순간에 주마등이 되어 주변의 정물 속에서 출현했었나 보다. 정물에 흐르는 무無라는 개념 속에 숨죽이고 있던 내 사유의 편린들이 펼치는 윤무에 한동안 정신을 가눌 수가 없었다.

한여름 뙤약볕을 지나 퇴락의 길로 떠나려는 발걸음을 말없이 부여잡고 있는 9월의 정물화. 그걸 지켜보며, 잠겨 있던 지난날의 기억들과 함께 생겨난 마음의 동요는, 어쩌면 저 창밖 모습을 다시는 볼 수 없다는 아쉬움에서 비롯된 내 안의 손사래가 아닌지 싶다.

내년 이맘때가 되기 전에 나는 이 자리를 떠나야 한다. 세월의 유전따라 헐거워진 날개를 접고 가뭇없이 물러가야 한다. 그래서인가, 그동안 숱하게 바라보았던 창밖의 풍경이 오늘따라 한 장의 사진처럼 아로새겨지는 것은, 다시 올 수 없는 인생의 계절에 대한 아릿함이 배어나기 때문인가 보다.

보통의 삶이 그러하듯, 나 또한 깊이도 알 수 없는 인생의 강물 속에서 실패와 좌절, 아쉬움도 있었다. 그런 과정이 누구에게나 주어지는 숙명적인 것이라면, 이제부터는 마음의 빗장을 거두고 적어도 흐트러지지 않을 나만의 정물화를 오롯이 하나 마련해야 한다는 마음속 외침이 들린다.

인생 도정에서 미련으로 들풀처럼 넘쳐났던 쭉정이들은 모두 솎아내고, 튼실한 알짬만을 골라내어 내 안에 품어야 하리라. 그들을 소재로 가슴 깊숙이 화판을 걸고, 가벼운 눈비음이 아니라 영원히 남을 나만의 정물화를 곱다랗게 그려가야 할 일이다.

그 안에 서성거리던 내 인생의 시간과 추억들이 모두 하나로 어우러져, 흔들리지 않는 견고한 안식처로 자리 잡도록 최선의 노력을 기울여야 한다. 차려진 그림 밭이 삶과 이어진 아름다움을 주제로 갖가지 사랑과 베풂과 나눔을 노래하며, 행여 들여다보는 누군가에게 기쁨과 소망이 될 수 있다면 더욱 좋을 것이리라.

예고된 이별의 시간을 앞에 두고 흔들리지는 말아야겠다. 생각하기에 따라, 그 이후의 삶은 끝이 아니라 새로운 출발을 의미하기도 하기 때문이다.

또한, 그 시간을 소중하게 여기고 쌓여 온 세월의 실타래를 풀어가며 중후한 색감을 더할 수 있다면, 한층 더 격조 있는 정물화를 완성해 볼 수도 있을 터이니 말이다. 그뿐만 아니라, 든든한 인생의 보고寶庫를 채워 갈 지혜를 얻을 수 있는 묘약이 될 수도 있기 때문이다.

아름답고 순수하며 변치 않을 내 안의 정물화를 구상하는 일에, 지금부터 열의를 다해야겠다.

(『문예운동』. 2016, 여름호)

노을 지는 들길을 걸으며

당신은 하루의 노고를 벗고 기울어 가는 태양이, 수를 놓은 저녁노을을 바라본 적이 있습니까? 은은한 고운 빛깔로 천지를 감싸 안고, 푸르던 하늘조차 장밋빛으로 물들여가는 자태를.

멀리 떠나와 처음 바라보았을 때는 설핏 눈길만 가던 광경이지만, 이제는 바람과 설렘이 가득한 눈망울로 저물녘을 기다립니다.

하루의 긴 시간을 종종걸음으로 보내다, 잠깐 얼굴을 붉히며 멈춰선 해님이 아쉬운 이별을 준비하는 동안, 노을은 그날그날 언제나 새롭고 신비로운 그림을 남깁니다.

수많은 황금빛 구름 조각이 외딴섬처럼 옹기종기 모여 있는 하늘가에서, 서로 안위를 물으며 손짓하는 동안, 나는 들길을 걸으며 오늘이 내게 어떤 의미였는지를 되새기게 됩니다. 이때가 되면,

그동안 숨 가쁘게 달려왔던 내 삶의 시간이 회전목마를 타고 어지럽게 돌아갑니다. 그 가운데 가물거리던 기억도 하나, 둘 윤무를 시작합니다. 웃고 울었던 숱한 사연들이 깨알처럼 까맣게 쏟아져 나옵니다.

지나온 발자국 또한 등을 돌리고 온통 저마다 걸어온 추억을 줍기에 분주합니다. 어둑해가는 그림자 속에서 명멸하는 많은 얼굴도 떠오릅니다. 표정 하나하나가 살아와서 애틋한 그리움을 더하기도 합니다.

때론 가슴 저미는 회한으로 외면하고자 했던 흘러간 세월도, 이 시간엔 잠재울 도리가 없습니다. 인생의 계절이 기울어갈수록, 내 마음 한구석에 방치했던 아픈 상처부터 기쁨의 순간까지 모두가 이토록 세세하게 다시 살아나고, 불타는 노을이 만들어내는 마지막 풍경 속에 이윽고 하나의 배경이 됩니다.

무던히 감정의 소비를 겪던 젊은 날을 지나 그림자가 길게 드리운 해시계 앞에 서는 날이 오면, 그리움은 절실함으로 옷을 바꿔 입고, 주홍빛 노을로 물든 옷자락에 새겨진 무늬들은 지워지지 않는 삶의 흔적이 됩니다.

진홍색 옷감으로 휘감고 서서히 사라져 가는 저녁놀을 바라보며, 힘에 지쳐 밧줄을 놓치고 표류하는 사람처럼, 망연히 소용없는 손사래를 쳐봅니다.

그대는 역동하는 진초록의 힘으로 한낮을 지배하던 너른 숲이, 어둠으로 검게 묻혀가는 것을 지켜본 적이 있습니까? 그 의연하고 담대한 모습을.

거센 태양의 길목에서도 거대한 숲은 표정을 바꾸지 않습니다. 천지를 태울 듯한 뙤약볕의 기세에도 아랑곳하지 않고, 늠름하게 견디며 푸른 생명을 구가하고 있습니다. 험난한 삶의 도전 가운데 시들어 버린 우리의 영혼을, 한껏 넉넉한 가슴으로 품어주는 영원한 안식처입니다.

간혹 살랑대며 지나는 실바람에 길을 터주고, 두런두런 지나온 사연을 나눕니다. 하늘을 향하여 큰 몸짓으로 온몸을 흔들며 살아 있음을 과시할 때도 있습니다.

황혼녘에 하늘가가 곱게 물들면, 숲도 이젠 옷깃을 여미고 하루를 마무리할 채비를 합니다. 구름장을 날개 밑에 숨겨주는 저녁노을처럼, 숲 또한 검은 장막을 드리운 채 하루의 일과로 지친 뭇 새들에게 안온한 자신의 품을 내어줍니다. 그들은 어미의 손길이 머무는 포근한 쉼터에서 노곤한 날개를 접고, 내일을 향한 소망을 키우며 잠자리를 준비합니다.

숲으로 찾아드는 새들은 모두 하나 되어 그윽한 풍경화를 연출합니다. 땅거미가 지는 가운데 서로가 속삭이는 이야기로 한동안 술렁입니다. 까맣게 물든 숲은 말없이 그들을 다독거리며 포근한 안식으로 이끌어 갑니다.

들길 따라 야생초와 그들을 품고 있는 온갖 수목의 체취를 느끼며, 한가롭게 발길을 옮길 수 있는 이 여유가 참으로 행복합니다. 아무런 방해를 받지 않고 생각의 나래 위에 마음을 실어보는 것 또한 큰 기쁨입니다. 잃어버렸던 세월을 다시 찾은 듯한 이런 소중한 시간을 얼마 만에 맛보는지 모릅니다. 물론 조금의 적적함과 쓸쓸함이 도사리고 있기도 하지만.

멈춰 서면 보이는 것이 있다고 했던가요? 그렇습니다. 거미줄처럼 얽히고설킨 대도시의 혼잡을 벗어나 늘 푸른 하늘과 미소가 담긴 호수와 녹색 숲으로 가득한 이곳에 머무는 동안, 비로소 보이지 않던 것이 눈에 들어오고, 들리지 않던 소리가 새로이 다가오는 것을 체험하고 있습니다.

바람이 귓가를 스쳐 지나가며 전하는 말들도 가슴을 울리는 아름다운 한 편의 시와 같습니다. 지저귀는 새들과 갓맑은 냇물이 이루는 소리는 그대로 자연이 연주하는 교향악이 됩니다. 이렇게 근사한 자연은 손을 내미는 이에게 활짝 열려 있고, 그 속에는 우리 영혼을 살찌게 하는 자양분으로 가득합니다.

꾸밈을 모르고 늘 한 모습으로 살아 숨 쉬며, 사랑스러운 손길을 간직하고 있는 자연 앞에 무한한 경외감을 느끼고 있습니다. 혼란스러운 사념에 젖어 있다가도 새로운 힘을 얻고 다시 깨어나며, 먹구름 같던 마음은 노을의 등 뒤로 이내 사라져 버립니다.

노을 지는 들길을 걸으며, 오늘도 나는 하루의 일기를 곱다랗게 가슴 속에 적어 봅니다. (『그린에세이』. 2017. 제22호)

가을 일기

소슬바람이 분다. 열기로 가득하던 한여름이 긴 호흡을 하던 입김을 멈추자, 언제 그랬냐는 듯 서늘한 기운이 가슴팍으로 숨어든다.

낙엽이 진다.

봄이면 고사리같이 여린 순을 내던 나무도 여름철에 이르면 그 왕성한 초록의 힘으로 하늘을 가린다. 넘치는 힘으로 세상을 태울 듯한 태양조차 무색하게 하며, 생명이 영원할 것처럼 자신감마저 넘쳐난다. 그러나 한철을 구가하던 푸름도 제때에 이르면, 하염없이 생기를 잃고 구름 한 점 없는 말간 하늘가에서 시든 꽃잎처럼 떨어져 내린다.

바람결 따라 무시로 비상하는 낙엽을 바라보며 산책로를 걷는다. 텅 빈 길 위에는 애잔함으로 가득하다. 간간이 귓가를 스쳐 가는 나뭇잎들이 던지는 애달픈 고백을 듣는다. 바닥을 어지러이 수놓은 형형색색의 모습은 밟힐 때마다 가녀린 비명으로 자신의 존재를 일깨운다.

퇴락의 길목에서도 태양을 감싸고 있는 청아한 하늘은 드높기만 하다. 열려 있는 너른 공간에서 한없는 자유로움이 느껴진다. 눈을 감고 잠시 깊은 심호흡을 해본다. 천장에 닿아 있던 태양은 비스듬히 힘을 잃은 채, 긴 그림자를 땅거죽에 그리고 있다. 서둘러 찾아드는 어둠에 밀려 옷깃을 여민 채 발걸음을 재촉한다.

가을이다.

가을 내음이 천지에 진동하고 조락의 노랫소리가 귓가에 울린다. 한마음처럼 동색이던 나뭇잎도 가을 끝자락에 서면, 함께한 세월이건만 살아온 길 따라 저마다 다른 모습으로 바뀐다. 노란색, 붉은색, 갈색에다 모자이크처럼 혼란한 녀석까지 천태만상이다. 남보다 일찍 떨어져서 땅 위를 구르는 녀석, 간신이 매달린 채로 바람결에 점점 지쳐가는 녀석도 있다. 마지막에는 이렇게 다른 길을 갈 수밖에 없는 운명이 인간 세상과 너무나도 닮아 보인다.

유난스럽게 가을을 타던 젊은 시절이 있었다. 삽상한 바람이 불 때쯤이면, 불현듯 자리를 박차고 어디론가 떠나는 꿈을 꾸곤 했다. 구름 한 점 없이 높다란 하늘을 우러러봐도, 색색으로 곱게 물든 산속에 앉아도, 머릿속은 밤하늘 별들처럼 끝없는 유전을 계속했다. 무엇인가 타는 목마름에 밤이 이슥하도록 일기장을 놓지 못했다.

그런가 하면 『아미엘의 일기』를 읽거나, 여기저기 꽂혀있던 시집들을 꺼내서 마음에 와 닿는 시를 두툼한 노트에 적어가며, 그 목마름을 달래기도 했다.

괴테, 릴케, 아이헨도르프, 칼 부세, 헤르만 헤세, 하이네, 구르몽, 랭보, 이방 골, 보들레르, 푸시킨, 프로스트, 워즈워스, 롱펠로우 등, 정겹던 시인들의 이름이 가슴 속에 여전히 남아 있다.

인생에도 계절이 있다는데 그렇다면 나의 계절은 어디쯤일까? 낙엽이 구르는 가을 문턱이 아닐런가? 이쯤에 이르면 가슴으로 스며드는 바람이 한층 더 썰렁하게 느껴진다. 되돌릴 수 없는 푸르던 시간을 곱씹어보며, 하지 못하고 이루지도 못했던 아픈 기억의 언저리를 서성거리게 된다. 가을은 이렇듯 길고 긴 회상의 여행을 떠나는 계절이다. 젊은 시절에 가졌던 꿈결 같던 감상感傷이 이제는 시간의 무게감으로 바뀐 것뿐이다.

뒤돌아볼수록 가야 할 길이 힘겹게 느껴진다. 세월의 매듭이 길지만은 않다는 조바심도 자리한다. 철마다 더해가던 잔가지들은, 이제 미련을 접고 가지치기를 해야 한다. 사념邪念의 언저리를 서성거리며 지체할 일이 아니다, 듬직한 가지를 골라내어 재목으로 남을 정수를 선택해야 한다.

이삭을 줍듯, 흘린 추억을 챙겨도 보아야 한다. 손사래 치며 구르는 낙엽들이 스쳐 가며 속삭인다. 남겨진 세월을 아끼라고, 온 날보다 남은 날을 손꼽아 보라고, 한번 지나쳐 간 것은 되돌아오지 않는다고…….

윤동주 시인이 쓴 '내 인생에 가을이 오면' 이란 시를 가만히 떠올려 본다.

내 인생에 가을이 오면
나는 나에게 물어볼 이야기가 있습니다. /……

내 인생에 가을이 오면
나는 나에게 열심히 살았느냐고 물을 것입니다./……

내 인생에 가을이 오면
나는 나에게 삶이 얼마나 아름다웠느냐고 물을 것입니다./……

내 인생에 가을이 오면
나는 나에게 어떤 열매를 얼마만큼 맺었느냐고 물을 것입니다./……

돌이켜보면 알찬 열매를 맺은 것도, 굵직하고 아름답게 산 것도 아닌 듯한 삶이었다. 이제부터라도 한 걸음씩 그런 길을 가야 한다는 분주한 생각이 머릿속을 가득 메운다. 그저 제철이 되면 떨어지는 낙엽처럼 바람결에 이리저리 휩쓸려 다니다가 말 인생인 것을, 왜 그리 살얼음판을 걷듯 조바심하며 한껏 할 수 없었던가.

이윽고 하얀 눈발이 날려 쌓이면, 낙엽들도 고단한 몸을 쉬고 한겨울 내내 긴긴 안식을 하게 되리라. 겹겹으로 쌓인 겨울 눈 속에서 몸은 썩어 지나, 그것은 곧 새 생명을 잉태할 비옥한 토양으로 숙성되어 갈 거다.

곰삭히듯 제자리에서 종종걸음을 치던 나의 세월도 이제는 제자리를 잡아가야 한다. 마무리하지 못한 색칠을 위하여 새로운 다짐도 다져가야 한다. 난분분하게 흩뿌리던 생각들도 이제는 켜켜이 책갈피 속에 잠들어 있는 낙엽처럼 곱게 정돈해야 한다. 부끄러움뿐만 아니라 삶의 그늘까지, 있는 그대로 진솔하게 그려 보아야 한다.

내 인생에 겨울이 오면, 그 사연들이 모여 한 폭의 그림이 되고 한 편의 시가 되도록 준비하자. 눈을 감으면 멈추지 않고 상연될 감동적인 인생 파노라마가 되도록 하자. 내 삶의 마지막은 그런대로 아름다웠노라고, 인생의 열매들은 크지 않았어도 풍성했노라고 노래할 수 있는 결 고운 꿈을 위하여, 이제는 하나씩 옹골지게 매듭을 지어가도록 하자.

(『문예운동』. 2012. 겨울호)

겨울 산의 숨결

겨울 산을 오르기 전에 먼발치에서 올려다보면, 산 전체가 허하기 그지없다. 하늘을 가려주던 잎사귀들이 몸에서 덜렁 떨어져 나가, 듬성듬성 졸가리로 서 있는 나무숲은 텅 비어 스산한 느낌마저 든다. 드문드문 만나게 되는 소나무나 잣나무 같은 늘푸른나무들과 반가운 눈인사를 나누다 보면, 그나마 실큼하던 마음을 달랠 수 있다.

무엇하나 남아 있을 것 같지 않던 산기슭 분위기는, 한 발짝 한 발짝 올라갈수록 새롭게 달라진다. 마냥 죽어 있는 것 같던 산속에서, 사라진 듯이 보이던 삶이 생동함을 느끼게 된다.

향기로 가득한 수목들 사이에서 알음알음 들리는 청아한 새소리가 시끄럽던 정신을 일깨우고, 나무 사이를 곡예 하듯이 타고 넘는 청솔모를 지켜보노라면, 움츠러들었던 활력이 슬그머니 솟아오른다. 여전히 자연은 숨 쉬고 있으며, 멈추어 선 듯한 계절 속에서도 내일을 준비하는 소중한 숨결이 머물고 있다는 것은 여간 위안이 되는 게 아니다.

수목들 사이에 자리를 잡고 잠시 흐르는 땀을 닦는다. 세속의 찌꺼기를 벗어 버리는 것 같은 청량함이 느껴진다. 그제야 시야에 들어오지 않던 나목들이 하나하나 모습을 드러낸다. 그들은 저마다 독특한 자태로 내 눈을 유혹한다. 찬찬히 들여다보면 볼수록 생김새들이 천태만상이면서도 가진 모습 그대로 아름답지 않은 것이 없다. 역시 이 세상은 조물주가 빚어낸 가장 아름다운 걸작품이다.

그들 사이에서 머물다 보면 마치 낯익은 사람들 사이에 둘러싸여 있는 것 같은 착각이 든다. 잠시 수많은 군중 사이에서 세상을 향한 소리 없는 아우성이 들리는 듯도 하다.

산등성이로 잔바람이 들자, 그들은 두런두런 참았던 대화를 시작한다. 하늘을 향하여 손을 펼치고는 못다 한 저들의 얘기를 들려준다. 나는 나무 기둥에 손을 댄 채, 눈을 감고 조심스레 그 기운을 느껴본다.

떨리는 파동을 타고 가녀린 숨결이 고스란히 가슴 속으로 스며든다. 수액이 흐르는 듯한 신비로운 맥박을 느끼며, 소중한 교감을 나누는 시간이 흐른다. 이렇게 그들의 숨결과 우리의 호흡이 하나로 동화될 수 있음은, 모두가 대자연의 한 부분일 터이다.

그래, 우리네 인생살이도 이렇게 닮아가야 하는 것이 아닐까. 저들처럼 풍성하고 푸르던 시절이 지났어도, 멈춰 선 듯한 시간 속에서 곰파고 있을 것이 아니라, 소리 없는 정진으로 내공을 쌓고 세월을 살찌워갈 수 있다면, 그것이 곧 인생의 아름다움이요 연륜에 걸맞은 삶의 지혜가 아닐런가.

산정에 올라 숨결을 고르며 망연히 먼 데를 바라본다. 겹겹이 물러나 있는 산들이 펼치는 결 고운 실루엣을 바라보다가, 꿈결 같은 고향의 산을 떠올린다.

청년 시절, 골방에서 홀로 보내던 혹독한 시련기가 있었다. 깨우쳐지지 않는 번잡한 고뇌 속에 심신이 모두 탈진하도록 어둠에서 허우적거렸다. 때마침 친구가 찾아오면, 끝 모를 이야기 속에 빠졌다가 머릿속이 까맣게 뒤엉킬 즈음, 지금처럼 동네 뒷산으로 올랐다.

눈 쌓인 산등성이에서 성냥갑처럼 작게 보이는 마을 집들을 내려다보면서, 새롭게 날아오르는 꿈 조각들을 찾아내곤 했다. 저녁 무렵, 모락모락 밥 짓는 연기가 피어오르는 것을 보면서 느꼈던 평화로움, 아늑함이 이제는 아련한 추억으로 남아 있다.

친구를 옆에 두고 가끔 노래를 읊조리던 광경도 떠오른다. '주세페 디 스테파노'가 1971년 내한 공연했을 때 불렀던 '카르딜러'의 '무정한 마음'을 특히 좋아했다. 떠나가 버린 여인 '카타리'를 그리는 노랫말에, 상상의 나래를 펴며 꿈결처럼 도취하였다. '비제'의 오페라 '진주조개잡이'에 나오는 아리아 '귀에 남은 그대 음성'이나 '그리그'의 '솔베이지 노래'도 까닭 없이 내 안의 정서를 자극하여 흥얼거리던 기억이 여전하다. 꿈같은 환상의 나래에 마음을 싣고 얼마나 절절한 사연을 나누었던가.

시간이 흐르고 세상 또한 변한다 해도 결국 돌아가야 하는 길이 있는 것처럼, 그리운 시절을 회상하는 일은, 어머니가 들려주던 고소한 옛날

이야기를 듣는 일처럼 지루함이 없다. 한편으론, 이렇게 삶의 흔적을 줍는 시간이 늘어갈수록, 세월이 유전하였음을 반증하는 것인지도 모른다.

언제나 산을 마주하면, 끝없이 들썽거리던 내 안의 기운이 활화산처럼 분출했다가도, 어느새 산자락의 흐름처럼 슬그머니 꼬리를 기이는 신비로움을 맛보곤 했다. 늘 그 자리에 서서 세월을 지키며 자애로운 어머니의 품 안처럼 안식을 주고, 상처 난 가슴을 감싸주며 위무하던 산이 아니던가.

몽동발이로 휑하니 옷 벗은 겨울 산이 주는 것은 스산함만이 아니다. 오히려 그 안에 비워둠으로써 잃어버렸던 여유를 회복하고, 더욱 새롭게 채워 가라는 무언의 가르침일 수도 있다. 삶의 여정에서 가꾸어 가야 할 소중한 부분들을 아껴가며, 비움으로 남겨진 여백엔 더욱 여물고 아름답게 앞날의 그림을 완성해 가는 것이, 우리에게 주어진 인생을 한결 풍요롭게 하는 길이 아닐까 한다.

길지만은 않은 인생길에서 살아온 길을 조명해 보고, 의미 있는 결실을 위해 채비하는 것은, 우리 스스로가 가꾸어야 할 몫이라는 지혜를 나는 오늘도 산에서 배우고 있다. (『수필문학』. 2014. 9월호)

권태로운 겨울나기

한동안 강추위가 이어진다. 며칠째 외출을 삼가고 집에만 갇혀 지내다 보니, 머릿속이 온통 거미줄모양 뒤엉켜 버린다. 온몸이 스멀스멀 결리고 몸을 움직일 때마다 여기저기서 파열음이 들린다. 하릴없는 묵새김이 이렇게 극심한 권태감을 가져올 줄이야…….

책을 잡아도 글자들이 얼마 안 가서 하얗게 바랜다. 그 틈새로, 잊어버렸음 직한 옛날 기억에서부터 최근의 씁쓸했던 사연들까지, 독수리처럼 날개를 활짝 펴고 쉼 없이 장면을 바꿔가며 활개를 친다. 휘휘 빠르게 돌아가는 회전목마를 탄 듯 현기증이 더해져 정신마저 혼미하다.

이젠 추위를 걱정할 일이 아니라, 육신을 오그라들게 하는 마음의 요동에서 벗어나는 것이 먼저라는 생각이 솟구친다. 추위를 견뎌낼 단속을 하고 가까운 산으로 나선다. 한겨울 찬 공기와 달리, 올려다보는 하늘은 파란 물색으로 끝없이 청량하다. 가끔 한가로운 구름장만이 햇살을 받아 금빛 날개를 단 채로 제 갈 길을 재촉하고 있다.

조금씩 가팔라지는 산등성이를 오르며 깊게 심호흡을 해본다. 몸이 더워지고 이마에 땀방울이 솟기 시작한다. 마음 바닥에 흥건히 고여 있던 어지러운 흔적들이 하나씩 솟아오른다. 도대체 조금만 방심해도 사라질 줄 모르고 피어나는 이 끈질긴 괴물을 어찌해야 할까.

살아가는 동안 수많은 갈등과 번뇌의 시간을 보내는 것이 우리네 삶이다. 혹자는 간단치 않은 인생살이를 쉽게 넘기는 듯하고, 또 누군가는 그 깊이도 모를 구덩이에 함몰되어 허우적대기도 한다. 보이지 않는 세력과 과감하게 맞닥뜨리는 것에서 강한 삶의 희열을 구가하는 사람도 있지만, 숨이 턱까지 차게 회의와 번민 속에서 발버둥을 치기도 한다. 문제는 이것이 선택의 문제가 아니라, 숙명처럼 다가오는데 있다.

아무래도 나는 후자 쪽에 가까운 듯해서 입맛이 개운치 않다. 마음속 그늘을 쉽게 거두지 못해 씹고 또 곱씹으며, 자신을 울타리 안에 가두는 데는 명수이기 때문이다. 한번 빠져들면 여간해서 벗어나지 못하는 기질의 소유자가 나이기 때문이다.

이젠 본격적으로 싸움을 시작할 때다. 불쑥불쑥 디밀어대는 창검들을 향해 힘겨운 저항이 시작된다. 여기저기서 고함이 들린다. 도움을 청하는 다급한 외마디 소리가 난무한다. 창검을 서로 맞닥뜨리며 요란한 금속성이 여운을 남긴다. 그 험난한 싸움 중에도 언뜻언뜻 청아한 쪽빛 하늘이 시야에 들어와 독려한다. 가늠하기 어려운 삶의 시공 속에서 승자나 패자가 있을 수 없는 싸움을 계속하다 보면, 남는 것이란 고작해야 타고 난 재의 흔적 같은 허탈함뿐이다.

스산한 몸과 마음을 추스르며 정상에 오른다. 확 트인 시야 속으로 몸 담고 있던 거대한 세상이 용틀임하듯 들어온다. 마음을 추스르는 것조차 힘들었던 그 세계가 저만치서 몸체를 드러내고 말없이 서 있다. 움직임도 없이 고요하기만 한 저 정물 속에, 고단한 삶의 에피소드가 얼마나 많이 숨어 있을까.

겉으로 드러나지 않는 오만가지의 번뇌와 고난을 감내하며 힘겹게 살아가는 도시의 파수꾼들에게 경건한 박수라도 보내고 싶다. 도시의 그림자가 긴 옷자락을 풀며 넘쳐나는 사연들을 실어오면, 속절없이 저 세상에서 멀리 떠나 있고 싶은 간절함이 서린다.

등을 돌리고 나무들 사이에 가만히 앉아 본다. 가녀린 바람이 얼굴을 스쳐 간다. 조용히 눈을 감는다. 호흡을 가다듬으며 정신을 집중한다. 정적이 온몸을 감싼다. 숨어 있던 자연의 숨결이 조심스럽게 깨어난다.

피아니시모pianissimo로 시작된 운율이 서서히 고조된다. 라르고largo에서 점차 가속이 붙는다. 소나무 가지를 지나는 바람은 강하게, 연하게 숨 고르기를 반복하며 자연의 향연을 시작한다. 간간이 이름 모를 겨울 새들의 합창이 현실을 일깨우듯 노래 속에 참여한다. 미세하게 숨 쉬는 자연의 소리를 한 점 놓칠세라 조심스레 귓가에 담으며, 가슴으론 흙의 기운을 모아 본다.

아, 신비롭고도 웅장한 대자연의 교향곡이 울려 퍼지고 있다. 잔잔한 열락悅樂의 물결이 가슴으로 밀려온다. 무겁게 무장되어 있던 마음 한쪽의 빗장이 조금씩 풀린다. 그 틈새로 구겨진 채 숨죽이고 있던 의식들이 기웃거린다.

몸과 마음도 어느새 차가운 겨울이 부르는 합창 속으로 이내 동화되어 간다. 어깨를 무겁게 누르던 한숨의 보따리도 동여매어 있던 끝자락을 풀고 탈출을 시도한다. 흐르는 선율 속으로 멀어져 가는 바람결을 타고 하나씩, 둘씩 사라져 간다. 자유롭다, 개운하다, 뜨악했던 정신이 맑아지며 새로운 기운이 샘솟는다.

이런 치유의 힘은 어디에서 오는 걸까? 자연의 한 부분으로 태어나, 그 안에서 호흡하는 인간은 결국 본연의 세계 속에 머물러야 한다는 것일 거다.

절대 가망이 없다고 선고를 받았던 불치의 환자들이, 깊은 산 속에 은거하여 기적처럼 회생하는 경우를 본다. 먹거리조차도 대부분 산속에서 채취하며 인공의 것들을 멀리하는 모습들도 있다. 원래 있던 곳에 머무르며 자연 그대로의 모습과 공존하는 것이야말로, 우리의 모든 것을 회복시켜 주는 근원임을 새삼스레 깨닫게 되는 순간이다.

감중련坎中連을 하고 있던 몸으로 찬 기운이 스며든다. 훌훌 자리를 털고 일어나 꿈결 같은 시간 여행을 잠깐 되돌아본다. 까닭 모를 미소가 입가에 번진다. 갑자기 불투명해 보이던 내일이 이파리 위에 머물고 있는 잔 이슬처럼 영롱하게 빛난다.

산에서 내려가는 발걸음도 지저귀는 산새 소리만큼이나 새롭다. 산을 오를 때의 번잡하던 마음은 씻김을 받은 듯이 텅 비워지고, 하늘가를 스쳐 가는 흰 구름만이 유유히 흘러간다.

어둠 속에서 방황하던 나의 잠재의식이 새롭게 단장되고 새 힘을 얻을 수 있는 것은, 내가 자연의 한 부분으로 서로 교감할 때라는 값진 깨달음을 얻는다.

(『월간환경』. 2015. 12월호)

대지의 노래

봄이 오는 들판에 서자, 어릿어릿 춤추는 아지랑이 속으로 실바람이 고개를 든다. 숨죽이고 있던 땅 사이로 조심스레 새 생명이 돋아나서, 한동안 잊혔던 새 희망의 노래를 부른다.

태곳적부터 되풀이되었을 이 역사가, 늘 새롭게 느껴짐이 신기하기만 하다. 거대한 대지 위에 펼쳐지는 계절의 신비를 바라보며, 끝없이 자애로운 어머니 품속 같은 안온함을 느낀다.

땅의 숨결은 어디서 오는가. 그 깊은 내면의 비밀을 우리는 얼마나 알고 있는 걸까. 어떠한 경우라도 흔들림 없이 생명력을 유지하는 위대함을 땅은 간직하고 있다.

한겨울 모진 진통 속에서도 대지는 참을성 있게 스스로 체온을 간직하고, 땅 위에 언 수목들을 가슴으로 품는다. 연약한 풀뿌리를 잘 보호했다가

때가 되면 물을 주어 새 속살이 돋아나도록 보살핀다.

땅이 생명인 우리에게도 대지는 축복의 대상이다. 봄이 되어 씨를 뿌리고 시간 따라 자라는 곡식을 보며 환희에 젖는다. 기쁨을 안고 수확한 알곡으로 우리는 이 땅에서 생명을 부지해 가는 영화를 누린다.

땅과 소리 없이 대화를 나누며 살아가는 농부는 그 모습을 닮아 세속적인 욕심을 부리지 않는다. 그저, 땀 흘려 일한 만큼 되돌아오는 정직한 소출에 넉넉한 미소로 감사할 뿐이다. 바로 땅이 가진 미덕을 닮아가는 것이며, 소리 없이 기다릴 줄 아는 지혜를 배운 덕분이리라.

맨발로 흙을 느끼며 사는 농부들에게, 땅 내음은 사랑 그 자체이다. 흙의 향기를 잃고 사는 도시 사람들에게서 느껴지는 매정함을 보면, 농부들이 가진 넉넉한 미소가 얼마나 따사로운 것인가를 느끼게 된다. 도시인들이 질식할 것 같은 삶 속에서 매달리듯 꽃을 기르고 화분을 가꾸는 것도, 흙을 향한 원초적인 그리움과 무관하지 않을 거다.

땅이 품은 기운은 생명의 근원이며, 우리가 살아 갈 거룩한 터전을 마련해 준다. 대지 안에서 태어난 우리는 평생을 땅에 기대어 살아간다. 그 사실을 잊고 사는 동안, 인간성을 상실하는 불행이 우리에게 파고들 수 있다는 사실을 미처 깨닫지 못하고 간과하고 있다. 도시가 대형화 되고 건물이 높아져 가면서, 우리는 땅의 체취와 멀어져 가고, 더불어 서로 나누어야 할 향기를 잃어 버렸다.

하루 종일을 보내면서, 흙을 한 발자국도 밟아 보지 못하는 것이 도시인들의 삶이다. 길바닥은 온통 보도블록이나 아스팔트로 뒤덮여 있다. 물을 받아 줄 마땅한 땅이 없다 보니, 많은 비가 내리면 도시는 순식간에 물난리가 난다. 한여름 뙤약볕에 포장된 도로는 불가마처럼 달아오르고, 콘크리트 벽을 반사하는 복사열로 도시는 온통 찜통이 된다.

흙이 사라진 건물 모퉁이나 보도블록의 작은 틈새에서, 이름 모를 풀포기들이 넉넉한 터전을 찾지 못하고, 애먼 곳에 자리를 잡으려고 안간힘을 쓰는 걸 애처롭게 바라본다. 바람에 날리고 구르다가 한 뼘의 땅을 만나지 못해 마지막 선택을 하였으리라.

간간이 눈에 띄는 그들 모습 위에 표정 잃은 도시인들의 얼굴이 어린다. 위태롭게 버티고 있는 잡초의 흔들림 속에 그들의 그늘진 한숨이 머물다 간다. 궁여지책으로, 건물 꼭대기에 흙을 옮겨 화단을 조성하고 식물을 기른다고 아우성이지만, 그렇다고 무너진 땅의 기운이 제대로 이어져 갈 수 있을까.

대지는 인류가 살아 온 역사를 은밀하게 간직하고 있다. 수 백, 수 천 년 전에 존재했던 인류의 삶과 문화를 그토록 오랫동안 가슴에 간직했다가, 우연한 때에 세상 밖으로 보여준다. 우리는 그 모습을 통하여 알지 못했던 한 옛날의 생활을 접하고, 경탄과 함께 사라졌던 역사의 조각을 새롭게 조명하게 된다. 때론 가늠조차 하지 못했던 동·식물의 존재나 지구 나이를 확인해 보기도 한다.

어제를 통하여 오늘을 새롭게 하고, 내일을 바라보게 하는 지혜의 눈을 대지는 간직하고 있다. 잠들지 않는 영원한 눈동자로 시간을 지키며, 무언의 움직임 속에 새로운 질서를 만들어 간다.

자연의 철리哲理에 따라 인생 사계절이 모두 지나면, 우리 앞에 다시 돌아올 수 없는 영원한 안식이 기다리고 있다. 가진 자나 못 가진 자나, 명예를 얻었거나 아니었거나 관계없이, 이승에서 찌든 때를 모두 벗고 아주 공평하게 돌아가야 한다. 땅은 누구에게나 배신을 안 한다. 포근한 어머니 가슴에 안기듯 대지의 품속으로 모두는 귀의해야 한다. 사랑과 미움, 아쉬움과 기쁨도 모두 접고 자연의 한 부분으로 자리매김해야 한다. 허락된 한 자락 작은 모퉁이만을 차지하고, 온 곳으로 되돌아가야 한다. 그것이 우리의 숙명이자 자연이 베푸는 섭리이다.

그토록 우리를 슬프게 했던 사랑하는 이들의 죽음이, 이제는 대지의 숨결로 돌아가 하나의 전설이 되고, 추억을 담은 한 송이 꽃으로 거듭난다. 어두운 땅 속으로 이별을 고하던 마지막 영상이 빛바랜 사진처럼 남아서 울컥 가슴을 저미게 하지만, 바람결에 들려오는 대지의 노래에 한숨을 덮는다.

흔들리는 나뭇가지 사이로 사랑하던 이들의 웃음소리, 노랫소리, 탄식하던 소리까지도 귓가에 맴돈다. 그들과 이별한 뒤 남은 그토록 허망하던 슬픔도, 가슴에 멍울 들게 하던 그리움도 이 땅의 역사가 되어 영원한 숨결로 남겨질 것이리라. 또한 대지가 부르는 노래 속에 한 소절이 되어 아름답게 합창하는 대자연의 소리가 되리라.

우리가 침묵하는 대지 앞에 겸허해져야 하는 이유가 여기에 있다. 훼손을 당해도, 인간의 욕심으로 오염이 되어도 아픔을 말하지 않는다. 그저 바라보고 지켜볼 따름이다. 그 죄과는 인간 자신에게 부메랑이 되어 기필코 되돌아올 뿐이다. 우리는 쉽게 잊어버릴지 몰라도 대지는 결코 잊는 법이 없다.

사람은 정해진 찰나의 시간만을 머물다 간다. 대지는 영겁의 시간을 넘어 지난 세월이 남긴 지문을 기록한다. 이 땅의 빈객들이 세대를 바꾸어 가며 생명의 물길을 이어갈 때, 대지는 반복되는 연륜 속에서 여전히 꽃을 피우고 녹음을 드리우며, 낙엽 지는 가을과 눈 내리는 겨울을 맞이할 것이리라.

대지의 노래는 영원하다.

(한국수필작가회 연간집. 2013.)

꿈꾸는 우주

한낮에 텅 빈 교정을 내려다본다. 부산하게 내달리던 주인공들은 자취를 감추고, 그들이 떠난 공간에는 허허한 고요만이 남아 있다. 지나던 바람조차 숨죽이고 있는 빈 운동장을 바라보자니 문득 모든 시간이 멈춰 선 듯하다. 까닭 없이 홀로 외딴섬에 남겨진 것 같은 고립감이 밀려온다. 눈에 들어오는 풍경도 사진 속 한 장면이 되어 멈춰 섰다.

스산한 가슴에 휑하니 가을맞이 소슬바람이 스민다. 바람결이 일렁이며 잊고 있던 동요 가락을 풀어 놓는다. 추억이 서려 있는 정겹던 옛 풍금 소리도 귓가에 맴돈다. 해맑은 해님의 옷자락을 잡고 배시시 웃던 교정의 버즘나무 이파리가, 얼마 남지 않은 인연을 아쉬워하는 듯 파르르 떨고 있다.

소리 없는 세월의 유전이여, 시작과 끝을 알지 못하고 내달리기만 하는 시간의 강줄기여! 아쉬움과 그리움 속에 멍울진 아픔으로, 때론 터질 듯한 기쁨과 감격으로 뒤범벅된 인생의 뒤안길에서, 구름처럼 흐르는 계절은 말도 쉼도 없이 늘 제 걸음으로 달려온다.

태초의 세상도 이런 느낌이었을까. 내가 사는 지금이 우주의 시간 가운데서 어떤 의미를 지니는 것일까. 도대체 뿌리를 알 수 없는 시간과 공간이 맞닿은 곳에서 웃고, 울었던 일들이 하얀 백지장 위에 서려 눈이 시리다. 얼마를 흘러 왔으며 어디로 어떻게 지나쳐 갈런가.

머리 위에는 가늠조차 할 수 없을 대우주가, 땅을 딛고 있는 나의 머릿속에는 거미줄 같이 얽히고설킨 소우주가 공존한다. 우리 모두의 인생살이를 다 모아 대우주 한가운데 놓는다 해도 점 하나인들 찍어볼 수나 있을까.

젊은 날 어느 여름인가, 한탄강 언저리에 누워 하룻밤을 보낸 적이 있다. 촘촘히 깨알처럼 박혀 있는 별들을 올려다보았다. 도무지 빈틈이란 찾아볼 수 없게 가득 들어차 있는 크고 작은 구슬들이 손짓할 때마다, 눈이 부실 지경이었다. 그 어지러움과 함께 가슴으로 쏟아져 내리는 별들의 언어에 숨이 멎는 듯했다.

노루잠이라도 들면 금세 하늘이 무너져 내릴 것 같았다. 새벽녘이 되어 하나씩 창백한 얼굴로 등을 돌릴 즈음에서야 깜빡 눈을 붙였지만, 악몽을 꾼 듯 놀라 깨어날 수밖에 없었다. 기댈 수조차 없는 시공의 한 모퉁이에서 티끌보다도 미미한 나를 하릴없이 만났던 경험이다.

빛의 속도로 난대도 좁은 폭을 건너는 데 십만 년이나 걸린다는 은하

계 이야기. 도무지 끝자락을 알 수 없다는 기막힌 우주의 비밀. 그래, 이건 차라리 꿈으로 끝나야 하는 이야기다. 겸허하게 우리가 모든 것을 내려놓고 숙명처럼 받아들여야 하는 까닭이다.

예단조차 할 수 없이 넓디넓은 천지간에 머물면서도, 나는 또 다른 우주 속에 잠긴다. 기다림과 고뇌가 줄을 잇는 인생길에서, 내 안의 소우주도 끊임없이 움직이며 운행을 멈추지 않는다. 우리는 모두 이 세상에 그저 '내팽개쳐진 존재'라고 했던 어느 철학자의 말처럼, 나도 내 의지와 무관하게 부대끼며 유영을 계속하고 있다.

버거운 꿈속에서 헤매다가 아무런 결실도 없이 지쳐 버리고 만 무수한 시간. 달랠 길 없는 허무 속에서 허우적대던 숱한 순간들. 이 끊임없는 내 안의 싸움 속에서 얼마나 흔들거렸던가.

스스로 바르게 운행하며 톱니바퀴처럼 맞물려가는 저 대우주처럼, 갖춰진 삶을 살아갈 수는 없을까. 우주의 순항 속에 그저 한 줌도 안 될 촌각만을 허락받은 내 역사가, 밤하늘에 떠 있는 작은 별처럼이나 어둠을 밝히며 스스로 빛날 수 있다면 좋으련만.

특별히 아름답거나 향기로 가득한 꽃이길 나는 바라지 않았다. 그저 생긴 대로 튼실하게 뿌리를 내리고 열심히 수액을 모아, 제때에 피어나는 수수한 꽃이면 된다고 생각했다. 그러나 어쩌랴, 내가 발을 딛고 있는 이 땅에는 더 높이 솟아나길, 가장 빼어나기를 꿈꾸는 별들이 함께 존재하고 있음을.

우주 속의 행성들이 가끔 충돌한다는 상식을 어느 정도 알고 있다. 그러나 그것은 그럴 만한 과학적 합리성에서 기인한다. 하지만 이 땅 위에 존재하는 영혼의 별들은 저마다 다양한 흡인력으로 당기고, 때론 뱉어 버리기도 하면서 끊임없이 도발을 일으킨다. 저 하늘의 별들은 눈을 감았다가 떠도 정해진 자리에서 늘 한 모습으로 웃고 있지만, 이 땅의 별들은 부질없는 부대낌과 밀침으로 잎이 상하고 꽃내음마저 잃어가고 있다. 사람 멀미와 용심의 골짜기를 지나며 내 안의 정서도 길을 잃고 은결들기 일쑤였다.

우리의 삶이 그나마 아름다울 수 있는 이유는 무엇이겠는가. 자신을 지키듯 주변의 별들까지 감싸고, 그 영혼들이 겪는 아픔과 상처를 함께 보듬어 볼 수 있기 때문은 아닐런가. 밤이면 한 몸이 되어 손짓하며 부르는 밤하늘의 별처럼 살 수 있는 지혜를 구할 수 있다면 정녕 행복한 일이리다.

그냥 머물러 있는 세월 속에 나를 풀어놓자. 대우주의 자연스러운 운행처럼 이 세상 속에 있는 그대로 나를 모두 던져 버리는 수밖에 없다. 끝없는 시름과 거리와 아쉬움 속에서도 그렇게 해야 한다. 이 땅의 어지러움과 갈등 속에서 나를 벗어 버리고 저 높이 빛나는 순수한 존재들을 닮아가지 않으면 안 된다.

언젠가는 대우주의 조화처럼 내 안의 소우주가 깨어나 흔들렸던 질서를 회복하고, 머리 위에 모여 사는 별들처럼 한결같이 빛을 발하게 될지도 모른다. 너와 나의 영혼이 조화를 이루고 어우러져 아름다운 합창이라도 하게 되길 꿈꿔 보자. 언젠가는 우리가 모두 저 하늘의 별이 되어, 대운하가 이루어 놓은 한 폭의 그림 속에서 변치 않을 영원한 미소를 보내게 될지도 모를 일이니.

(『그린에세이』. 2015. 12호)

영랑호를 떠나며

영랑호에 봄기운이 가득하다. 물가에 늘어선 벚나무에서 연분홍 꽃잎이 나비의 날갯짓처럼 하늘거리며 떨어져 내린다. 호숫가에는 먼저 자리 잡은 꽃잎들이 소복이 쌓여 지난 한겨울 눈밭을 떠올리게 한다. 이렇게 새봄을 맞는 것으로 나는 이곳에서 사계절을 보낸 셈이다. 한해가 유전하는 가운데 서로 다른 모습으로 변해가는 영랑호를 동영상처럼 가슴에 담게 되었다.

처음 마주했던 때는 초여름 싱그러운 기운이 가득한 6월 초순이었다. 늘어선 나목들이 싱싱한 푸름으로 넘쳐나고, 물 위에는 한가로운 여름 철새들이 유유히 물살을 가르며, 호수와 얼굴을 마주한 쪽빛 하늘가에는 흐르던 구름이 수놓은 풍경화가 큰 화폭처럼 걸려 있었다.

갈바람 따라 색조가 불붙듯 변해가는 가을에는

공연히 들썩이는 가슴으로 사방을 기웃거린다. 하나씩 떨어져 내리던 낙엽들이 쌓여 가녀린 바람결에도 요동할 때는, 끊이지 않는 우수의 그늘을 더듬으며 구르는 낙엽과 속절없는 대화도 나누었다.

그렇게 들끓던 마음도 잠시, 주먹만 한 눈발이 온 천지를 덮고 무릎 위까지 푹푹 쌓이던 눈길을 헤쳐가다 보면, 비로소 난분분한 마음을 하얗게 비울 수도 있었다. 눈 속에 온 세상이 자취를 감추고 모두 사라진 듯해도, 영랑호는 잠들지 않은 채 너른 가슴으로 하늘을 품고 긴긴 겨울을 참을성 있게 지키고 있다.

마침내 돌아온 화사한 봄날, 흩뿌리는 꽃잎은 꽃비가 되어 몸을 적시고, 돌아가야 할 나그네에게 아쉬움과 함께 지난 시간을 회상해 보는 발걸음만 남았다.

홀로 떠나와 이곳에 머물던 처음에는, 끝없는 자유로움은 물론 억눌린 일상에서 벗어난 해방감까지 만끽하며 지냈다. 더구나, 한적한 산길을 은은한 나목의 체취에 젖어 걷거나 생명력으로 넘쳐나는 들길을 지나면, 내가 잊고 있거나 꿈꾸었던 본향에 돌아온 듯 가슴이 벅차기도 했다. 그러나 어찌 된 일일까. 하루 이틀 시간이 지나면서 자신과 마주하는 기회가 잦아질수록, 잔잔한 호수에 파문이 일 듯 마음 한구석에 꿈틀대며 살아오는 무언의 두드림이 있었다.

심신이 몹시 피폐했던 청소년기가 있었다. 우울질 기질을 태생적으로 갖고 태어나기도 했지만, 병약한 어린 시절 동안 일찍이 우수를 느끼는 촉도 바늘처럼 예민하게 자랐을 수도 있다. 내 안에 마치 솟아나는 샘물처럼 끊임없이 자극하는 그림자가 서성이고, 그 그늘 속에 파묻혀 갈피를 잡지 못하던 연약한 감성은 현실과 평행선을 달리며 서로 교감을 나누지 못했다.

그 끈질긴 실타래에서 벗어나려고 얼마나 애를 썼던가. 쉼 없이 책을 잡거나 음악에 빠져들어 간간이 위로를 받고, 쌓였던 거미줄을 거둬도 보았다. 그러나 이것도 잠깐, 어둠 속에서 숨죽이고 있던 거미 한 마리가 스멀스멀 기어 나와 견고한 제집을 짓는 과정은 멈추지 않는다. 그 시절만큼은 아니더라도 여전히 내 안에 있는 기질적인 샘물은 지금도 여전히 분출하고 있음을 느낀다. 자신을 돌아보는 시간이었던 지난 일 년의 세월이 그 점을 다시금 깨닫게 하였다.

반면 일련의 흐름 가운데 또 하나, 내가 가족을 이끌어야 할 지렛대임도 새삼스레 느낀다. 숨겨 있는 보랏빛 베일 뒤로 물러설 수 없는 무거운 현실의 뜰이 있음을 다시 들여다보게 된다. 서툴고 어색하기 짝이 없던 현실이란 옷을 걸치고 때론 쫓기듯, 때론 모르는 척하면서 오늘까지 지내왔다.

첫아이가 태어났던 때를 나는 지금도 잊지 못한다. 품 안에 보듬고 집으로 오던 날, 나는 마치 먼 우주를 떠돌던 별 하나를 가슴에 품은 듯 떨리는 심정을 가누기가 쉽지 않았다. 몇 년 후에 얻은 둘째도 느낌은 그러했지만, 이번에는 늦은 혼인 탓에 그 애와 함께할 수 있는 시간이 상대적으로 많지 않을 것 같다는 생각으로 늘 애잔한 마음이 떠나지 않았다.

둔감한 현실감 가운데 내가 지켜야 할 커다란 천막이 눈앞에 버티고 있음은 엄청난 무게감으로 다가왔다. 그간의 사치한 감상을 버리고 온전히 가꾸어야 할 그 일에 매진해야 한다는 결의를 다졌다. 그렇게 세월은 지나가고 어느덧 해시계도 기울어 일터에서 은퇴한 지 벌써 몇 년이 지났다.

우연히 기회가 되어 속초에서 한 해를 보냈다. 홀로 지내며 다행인지 불행인지는 알 수 없지만, 내 안에 터 잡고 있던 그 끈질긴 고독이란 그늘을 다시 한 번 느껴보는 기회가 되었다. 그 그림자를 지우고자 방황하던 시절이 얼마던가.

한때는 넘을 수 없는 그 벽에 절망하여 끝없는 번민과 더불어 좌절의 늪에 빠지기도 했다. 웃음이 넘치는 열락의 순간이나 뭇사람들과의 대화 가운데도 순간순간 고개 숙이고 있던 내 안의 우수와 만나곤 했다. 아무래도 이것은 내게 있어 선택의 문제가 아니라 숙명적으로 지고 가야 할 짐이 아닌가도 싶다.

젊은 시절, 쌩택쥐페리가 지은 『인간의 대지』나 『야간비행』을 읽으며, 인간이 지닌 원천적인 고독에 대하여 숱한 공감을 하였다. 야간 비행 중에 고공에서 마주했던 끝 모를 사막을 바라보며, 자신의 내면에 자리하고 있는 고독을 시리도록 들여다보고, 주변에 함께 했던 정겨운 사람들에 대한 순수한 사랑을 통하여 승화시키려 했던 작가로부터 많은 위안을 받았다. 그를 아끼던 사람들의 만류에도 불구하고 그는 위험한 아프리카 사막을 야간비행하다가 결국 행방불명이 된다. 그가 행동을 멈출 수 없었던 이면에는, 오직 도전만이 고독의 문제를 덜 수 있는 유일한 길이라고 믿었기 때문이 아닐까.

“오, 고독이여! 그대, 내 고향인 고독이여!” 라고 니체는 노래했다. 그에게 있어 고독이란 자신의 영혼을 일깨우는 정신적인 고향이었을 것이리라.

고독의 문제는 그저 젊은 시절에 누구에게나 한 번쯤 지나가는 한 줄기 바람일 뿐이라고 여길지 모른다. 그러나 다른 누군가에는 넘겨줄 수 없는 존재 이유이며, 생명을 담보할 고귀한 가치가 되기도 하리라. 그것이 마치 하얀 도화지에 흰 물감으로 그리는 그림처럼 밖으로는 드러나지는 않는다 해도, 영혼을 담는 소중한 그릇이 된다는 사실에 대해 진지하게 생각해 본다. 이 해묵은 숙제를 이곳까지 와서 다시 들춰볼 수 있는 시간을 갖게 된 것을 어쩌면 감사해야 할지 모를 일이다.

그동안 머물던 영랑호를 떠나며 막연히 다시 올 날들을 꿈꾼다. 호숫가를 마지막으로 거닐며 정들었던 모습마다 사진에 담듯 새겨본다. 저들은 세월의 증인이 되어 계절 따라 옷을 갈아입고, 아름다운 세상을 노래하리라. 나 또한 한때 꿈처럼 머물렀던 추억만이 아니라, 또다시 다가선 내 안의 아우성을 들으며 주어진 삶이 한층 더 성숙한 발걸음으로 이어질 수 있기를 바라본다. (2017. 4. 28.)

3

아내의 눈물

- 황혼의 블루스
- 아내의 눈물
- 꽃밭 엄마
- 선생님 선생님, 나의 선생님
- 아름답게 세월을 노래하자
- 영원한 당신
- 바다를 잠재운 호수
- 잠에서 깨어난 시계
- 지나간 날들은 아름다워라
- 고뇌 속에 피는 꽃
- 자전거 타기의 추억

황혼의 블루스

부지런하던 햇살이 나른한 날개를 접고 기울어 갈 무렵, 나는 가끔 동네 가까이에 있는 공원으로 산책을 하러 간다. 야트막한 동산이 있고, 수목과 꽃들도 잘 가꾸어져 있어 편안하게 걷기에는 그만이다. 호흡이 차면, 길목의 중간마다 마련되어 있는 의자에 앉아 잠시 쉬어가기도 하고, 못다 한 생각을 정리도 하면서 망연히 멈춰 선 듯한 시간 속을 배회하기도 한다.

여러 차례 계절이 바뀌었어도 낯선 사람들이 대부분이지만, 가까이에 사는 몇몇 얼굴들은 눈에 익기도 해서 가벼운 눈인사를 나누는 때도 있다. 그 가운데는, 산책하는 동안 내 안에 그림자처럼 늘 잔상이 남게 되는 대상이 하나 있다. 그분들은 70대 후반쯤으로 보이는 노부부이다.

수년 전, 내가 맨 처음 그분들을 목격했을 때는

봄이 기다려지는 춘삼월이었는데, 얼른 눈을 피하고 스치듯 빨리 지나쳐 갔다. 그대로 바라보기에는 마음 한편이 몹시 시렸을 뿐만 아니라, 우려 섞인 눈길이 그분들에게 쓸데없는 부담을 얹어 주지 않을까 하는 생각도 반쯤은 있었기 때문이었다.

서로 손을 잡고 천천히 걷고 있는 모습이 일상적인 모습과는 사뭇 달라서, 금방 눈길이 갈 수밖에 없었다. 남자는 부인의 손에 거의 이끌려 간다고 해야 옳을 것이다. 등은 활처럼 굽었고, 옆으로 쏠려 있는 몸체는 손을 놓으면 금방이라도 넘어질 듯한데, 등산용 지팡이를 한 손에 쥐고 이끌려가는 모습은 얼핏 보아도 심각한 모양새다.

게다가 입을 다문 채 쉼 없이 내지르는 소리는, 거의 신음에 가까워서 듣기조차 매우 곤혹스러웠다. 미루어 짐작하기에는, 소위 풍을 맞은 것이 아닌가 싶었다. 연발하는 특유의 소리 때문에, 보이진 않아도 먼발치에서 금방 그 부부의 출현을 알아차릴 수 있다.

처음에는 가능하면 마주치지 않으려고 서둘거나, 부러 방향을 달리하기도 했다. 사람들을 마주하는 것이 꺼려질지도 모른다는 생각과 함께, 나까지도 은근히 꺼림칙한 기운이 밀려오기 때문이었다. 그러나 언제부턴가, 그 부부가 눈에 띄지 않으면 괜스레 걱정이 뒤따를 뿐만 아니라, 궁금증까지 생겨나니 참 묘한 일이었다.

더욱이 관심 있게 눈길이 가는 것은, 마치 어린아이를 다루듯이 반걸음쯤 앞서서 이끄는 부인의 모습이다. 자그마한 몸집으로 거의 하루도 거르지 않는 듯한 산책이 꽤 고달픔직도 한데, 시적거림 없이 늘 밝은 표정일 뿐만 아니라, 가끔 보이는 미소는 얼핏 여유마저도 느껴졌다.

어떤 때는 힘겨워하는 남편을 격려라도 하는 양, "하나- 둘-, 하나- 둘-" 구령을 붙이기도 하고, 더러는 "어영차-, 어기영차-" 하며 기를 돋우려는 모습이 역력하다. 보통의 생각으로는, 많은 사람이 지나다니는 산책길에서, 다른 사람들이 보내는 거북스런 눈길을 막아내기가 만만치 않을 듯한데, 그 부인에게서는 전혀 저어하는 기색을 엿볼 수가 없었다.

허벅진 아까시나무 꽃이 넘쳐나게 피었던 어느 날인가, 산책로 옆에 놓인 의자에 앉아 있는 모습을 보게 되었다. 한 곳만을 멍하니 주시하고 여전히 앓는 소리를 내뱉는 남편의 입언저리에, 소금쩍처럼 굳어 있는 하얀 거품을 닦아 주며 이마의 땀도 훔쳐 주는 광경이 눈에 들어왔다. 가까이 다가가며 보니, 이번에는 소담한 아까시나무 꽃송이를 남편의 코에 갖다 대고는 향기를 전하려 애쓰고 있었다. 그러면서 나지막한 목소리로 노래를 부르는 것이 살짝 내 귓등을 때렸다.

"동구 밖 과수원 길~~, 아카시아 꽃이 활짝 폈네~~"

표정도 없이 연신 거북한 소리를 내는 남편의 반응은 아랑곳하지 않고, 노랫말을 이어나가는 것이 달착지근한 꽃향기만큼이나 싱그럽게 여겨졌다.

어느 때는, "나의 살던 고향은 꽃피는 산골~~"하며 진한 여운이 남는 노랫소리를 듣기도 했다. 작은 목소리로 흥얼거리며 부인은 무슨 생각을 떠올릴까. 앞날에 대한 아무런 걱정도 없이 행복했던 어린 시절이라도 그려보는 것은 아닐까. 아니면 가뭇없이 밟혀온 세월을 한스럽게 되돌아보려는가. 공연한 안쓰러움이 한 자락 내 마음 구석에 굽이친다.

부부라는 인연으로 만나 함께하는 동안, 우리에게 얼마나 많은 사연이 깃들게 되던가. 애정과 반목, 애착과 무관심이 시시때때로 교차하는 것이 다반사 아니던가. 그렇게 흐르는 세월 따라 생 속을 새까맣게 태우고 나면, 재가 되어 남는 것이 그 알량한 연민뿐일 거라는 생각을 떠올려 본다.

아무리 그렇다 해도, 남편의 회복을 염원하며 저렇게 지성으로 애를 쓰기는 쉽지 않은 일일 거다. 아마도 집안에서는 한시도 쉬지 못하고 수발을 들며, 헌신적인 노력을 아끼지 않을 것이다. 언제쯤 마무리가 될지 모를 암담함 속에서, 끝 모를 시간과 싸움을 벌이고 있는 여인의 모습에 절로 머리가 숙어짐은 어쩔 수가 없다. 생명을 준 부모라 해도 병시중 앞에선 삼 년 효자가 없다는데 말이다.

젊은 부부들이 툭하면 이별하는 세상. 또한, 살면서 쌓여온 불협화를 자식 놈들이 눈에 밟혀 참고 견디다가, 세월의 장막이 드리울 즈음 복수하듯 감행한다는 황혼 이혼도 요즘 사회 문제로 대두하지 않던가.

낯설기만 하던 남남이 만나서 피를 나눈 가족을 이루고, 숱한 애환을 겪으며 땅으로 돌아갈 때까지 같이하는 것이 부부의 숙명이라면 숙명이다. 어느 한 쪽이 극한의 어려움을 겪을 때, 물불을 감수하고 동행한다는 것이 말로는 쉬울는지 모른다.

인고의 세월이 길어지면서도, 이토록 변함없이 한결같은 모습을 보이기는 결코 쉬운 일이 아닐 것이다. 만약 내게 주어진 상황이었다면 어떠했을까 하는 생각에 미치자, 머릿속으로 갑자기 물안개가 뽀얗게 피어오른다.

내가 그분들을 처음 만났던 것은 한 3, 4년쯤 되었지 않나 싶다. 부인의 포기할 줄 모르는 의지로 인해, 그나마 지금의 모습이라도 지켜낼 수 있었을 것이리라. 서로의 아픔을 나누어 지고 연약한 부분을 감싸주는 것이 진정한 부부의 사랑이라는, 지극하면서도 평범한 진실을 나는 절절히 깨닫고 있다. 새롭게 시작한 이 봄에, 새싹이 돋듯 그 부부의 삶도 새록새록 희망과 사랑으로 넘쳐나길 소망해 본다.

하늘가를 진홍색으로 물들인 채 떠밀려가는 하루의 태양을 향해, 두 손을 꼭 잡고 서로를 의지하여 천천히 멀어져 가는 두 사람의 뒷모습을 지켜보며, 나는 마음속으로 더없이 아름다운 한 편의 풍경화를 그려보고 있다. 저분들에게 지치지 않을 영원한 '황혼의 블루스'가, 홍조 띤 얼굴처럼이나 아름답게 이어지길 진정으로 바라본다.

(『그린에세이』. 2015. 제9집)

아내의 눈물

교제할 때부터 짐작은 하고 있었지만, 아내와 나는 다른 점이 참 많다. 더구나 서로를 겪어 가면서는 차이가 더욱 두드러지는 걸 실감한다. 우리를 아는 주변 사람들 가운데는, "서로 바뀌 됐으면 좋았겠네요."라는 단적인 말로 우리 부부를 평해도 이 말을 헤아리기가 쉽지는 않았다. 하지만 흔히 우리가 생각하는 남자와 여자에 대한 통념적인 성향과 꽤 다르다는 뜻임은 알아차릴 수 있다.

아내는 성격이 퍽 외향적이다. 가야 할 길이 정해지면 머뭇거림 없이 오직 그 일에만 매달린다. 대단한 집중력으로 어려운 일을 척척 마무리하는 남다른 추진력도 가지고 있다. 그런 만큼 생각하는 바가 똑 떨어지고 분명하다.

반면에 나는 아내와 사뭇 다른 모습을 보인다. 뭔가 시작하려면 곰곰이 숙고할 시간적인 여유가 필요하다. 한참을 추스르고서야 비로소 한 걸음, 또 한 걸음 내딛기 시작하니 자연 출발이 늦을 수밖에 없다.

그러므로 서로 볼멘소리를 할 때가 많았을 것이 뻔하다. 일을 좇으며 바삐 사는 아내 모습을 바라보노라면, 정작 그녀의 마음속에 내가 자리할 틈새가 보이지 않아, 그림자처럼 주변만을 서성거리고 있다는 느낌을 지울 수가 없었다.

한편 아내는, 금방 잡아 올린 생선처럼 팔딱거리는 활력도 없이 망설임의 늪에서 헤어나지 못하는 내가 몹시 답답했을 거다.

한 여인에 대한 저린 기억을 털어내지 못하고 서른 중반까지 나는 혼자인 채였다. 선을 보라는 숱한 권유에도 아예 귀를 닫고 살았다. 그러던 어느 날인가, 이웃에 사는 아주머니 한 분이 퇴근하여 오는 나를 옆 골목길로 잡아끌었다. 벌써 몇 번을 들었으니 한 번쯤 얘기해 줘야겠다는 생각이 들었다는 것이다.

"내가 우리 아들 건사하는 게 이제는 너무 힘이 드네. 도시 몸이 말을 안 들어. 지 각시라도 있으면 좋으련만……."

어머니가 이렇게 말씀하시더란 것이었다. 갑자기 머릿속으로 우박이 한바탕 우당탕퉁탕 쏟아져 내렸다. 누구든 나 때문에 힘들어한다는 것은 참아내기 어려운 일이다. 저녁노을 속에 검붉은 태양이 가슴 속에 쿵 내려앉았다.

대학원 종강 파티가 있던 날이다. 대학 때부터 지도를 받았던 교수님께서 뜬금없이, "자네, 참 결혼 안 하나, 올해 몇이지?" 하셨다. 머뭇거리며 답을 하자, "어허, 이 친구 안 되겠네, 우리가 이 친구 장가 좀 보냅시다." 하시는 게 아닌가. 금세 이 일은 화제의 중심이 되고 몇 사람이 거명되는 가운데 한 교수님께서, "참, 김 조교는 어때요?" 하고 새로운 제안을 하셨다. 그러자 모두 얼굴을 들고 눈을 마주치더니, "맞아, 그게 좋겠네요." 라고 한목소리로 동의하는 것이었다.

김 조교는 우리 학과와 이웃해 있는 타 학과에서 일하고 있었다. 그녀와 내가 지닌 성향이나 기질이 창과 방패처럼 한참 다르므로, 오히려 서로 잘 돕는 배필이 될 것으로 여겼던 것 같다. 그녀가 바로 지금의 아내이다.

신혼 때는, 분홍빛 베일 속에서 서로 다른 모습을 그런대로 즐기며(?) 꿈꿀 수 있었다. 그러나 두 아이를 기르면서, 그림 속 동화는 꿈처럼 사라지고 냉혹한 현실을 담은 다큐가 상연되기 시작했다.

사람의 판단과 정서가 이렇게 다를 수 있음이 경이롭게까지 느껴질 지경이었다. 서로의 차이와 다름을 인정하고 받아들이라는 말씀은 그저 액자 속에 고이 모셔져 있었다. 나는 왠지 모르게, 끝 모를 사막 위에 던져진 채로 길을 잃고 헤매는 방랑자처럼 서먹한 느낌이 들었다.

우리가 다니던 교회 교육 과정에서 '성격 유형 검사(MBTI)'와 '인간의 기질 유형 테스트'를 해 본 적이 있었다. 짐작은 했었지만, 우리는 완전히 서로 다른 별나라 사람들이었다.

고대 의학자 히포크라테스로부터 시작되었다는 기질 테스트 결과, 아내는 주 기질이 담즙질이고, 부 기질은 다혈질이었다. 반대로 내 주 기질은 우울질에, 점액질이 부 기질이었다. 이런 결과를 보고는 서로 웃지 않을 수 없었다. 승자가 있을 수 없는 다툼을 했었던 우리의 자화상이 그려졌다.

담즙질에 해당하는 사람은 통계적으로 대략 10% 정도라고 하는데, 내용을 들여다보면 아내 모습이 고스란히 담겨 있다.

역동적 행동파, 성취 욕구가 강함, 요점적인 것만 대화함, 일에 방해받기를 싫어함, 문제 상황 시에 빛을 발함 등이었다. 그러나 목표 달성에 몰두함으로 인간관계에 문제를 가져올 수 있음, 강압적이고 군림하는 것으로 보일 수 있음, 정상에 혼자 올라가려는 경향 등과 같은 단점도 지적이 된다.

내가 속한 우울질이 가진 특징을 보면, 생각이 깊고 신중함, 조용하고 혼자 있기를 좋아함, 사전에 계획 후 행함, 성실하고 책임감이 높음 등과 더불어 실행에 어려움을 겪음, 강박증에 빠지거나 자학할 수 있음, 쉽게 상처 받음, 과거를 후회하는 경향 등의 단점도 지적이 된다.

관계 중심적이고 일보다는 사람을 좋아하며 타고난 무대 체질로 덤벙대는 다혈질이나, 안정을 추구하고 온유, 침착, 겸손하여 적이 없이 모든 기질과 잘 어울린다는 점액질은 우리의 주 기질에 묻혀 잘 드러나지는 않았었나 보다.

결혼 20주년을 맞이했을 때다. 백화점을 돌면서 여러 생각 끝에 사파이어 반지를 샀다. 손바닥만 한 카드에 사연을 적어 넣고는 퇴근해서 들어오는 아내에게 내밀었다. 아내가 장신구에 큰 관심이 없는 것을 알고 있던 나는 별다른 반응을 기대하지 않았다. 그런데 뜻밖에도 놀라운 상황이 연출되었다.

카드에 적혀 있는 글을 읽는 순간, 갑자기 두 눈에서 진주 같은 눈물이 뚝뚝 떨어지는 게 아닌가. 아이들과 나는 갑작스러운 상황에 적이 놀라고 말았다.

"왜 그래요, 엄마?"

놀란 눈길로 묻는 딸에게, 흐르는 눈물을 손등으로 훔치며 아내는 짧게 응답했다.

"응, 너무 감격해서……."

이런 모습을 우리 가족은 쉽게 그려 볼 수가 없었던 일이었다. 아내에게서 눈물을 기대하는 것은, 사막에서 비를 만나는 것과 다름이 없다고 생각해 왔던 터였으니 말이다. 아아, 그러나 아내 또한 여린 마음에 감격도 할 줄 아는 여인일 뿐이었다. 때로는 이렇게 열정적인 감성이 숨쉬고 있음도 깨달았다.

한참을 지난 어느 날, 여권을 찾으려고 아내의 서랍을 열었다. 뒤적거리는데 언뜻 눈에 익은 글씨가 띄었다. 놀랍게도 그것은 생일 선물과 함께 내가 건넸던 그 카드였다. 코팅하여 잘 감싼 채로.

문득 나는 죄를 지은 것처럼 부끄러움에 빠졌다. 나와는 너무 다르다며 곁눈질로 지나쳤던 내 모습이 갑자기 한없는 초라함으로 다가왔다.

'그래, 어떻게 나 좋은 것만 보고 내 안에 꽃을 피우며 살아갈 수 있겠는가. 오히려 눈길을 돌렸던 세상으로 마음의 문을 열고, 그 속에서 새로운 사랑의 싹을 틔워 나간다면 한층 더 아름다운 삶이 되지 않을까?'하는 생각이 비로소 들었다. 이 일을 겪으면서 나는 좀 더 철이 난 듯도 하다.

곧 은혼식이 다가온다. 결혼 25주년을 새롭게 되돌아보기도 하겠지만, 나는 아내가 보여 주었던 그 고운 눈물을 기억하며 새로운 반란을 꿈꾸어 본다. (택시신문. 2013. 6. 4.)

꽃밭 엄마

시대가 참 험하고 삭막하다. 세월이 갈수록 사람들 마음이 더욱 굳게 잠긴다. 자고 일어나면, 눈에 보이고 귀에 들리는 세상 소식이 우리를 질리게 한다.

자살 사이트에서 만나 동반 자살한 사람들, 지하철 안에서 팔십 노인에게 험하디험한 욕설로 인터넷을 뜨겁게 달구었던 못난 젊은이 경우쯤은 약과다. 예수를 믿느니 나를 믿으라며 성경을 빼앗아 불살랐다는 한 선임병의 병영 이야기, 아무런 이유 없이 눈에 띄는 대로 마구 폭행하고 도주했다는 묻지 마 범행도 섬뜩하다.

또한, 판단이 온전하지 못한 정신박약자를 원양어선에 팔아넘긴 사람들, 물질을 향한 탐욕으로 피를 나눈 가족을 죽음으로 몰아넣는 끔찍한 세태 등……. 도무지 내일의 태양이 더는 떠오를 것 같지 않은 암담함이 여기저기 드리워 있다.

복잡하고 메마른 사회를 살다 보니 그 모습을 닮아가는 것인지, 원래 타고난 마음이 악해서 그런 것인지 얼른 판단할 수가 없다. 성선설이니, 성악설이니 하고 설왕설래하던 때도 있었지만, 어쩌면 이 모두가 뒤엉켜 있는지도 모른다.

언제부턴가 우리는 따뜻한 정감이 넘쳐나던 지난날을 잊어가고 있다. 최고의 축복처럼 회자하는 산업화와 기계화는 감히 사람이 할 수 없던 대량 생산의 길을 열고 편리함을 가져왔다지만, 그로 인해서 인성이나 품격은 오히려 손상되기 시작했다. 과거에는 꿈처럼 여겨지던 일들이 IT산업의 비약적인 발전으로 현실화하고, 삶의 방식까지 놀랍게 바꾸어 놓았다.

그러나 어찌하랴, 얻는 게 있으면 잃는 것 또한 있는 법인 것을. 그 때문에 사람들의 가슴 속으로 촉촉이 젖어 드는 따사로운 나눔 대신, 가상의 세계에 갇혀 자신을 비춰 볼 거울마저 잃어버렸다. 방향감각을 상실한 채 흔들리는 현대인들의 모습은, 마치 세찬 빗줄기를 피하려고 처마를 찾아드는 작은 새처럼이나 처연하다.

서초구에 있는 몽마르뜨 공원은 내가 가끔 산책하러 나가는 곳이다. 수목이 잘 가꾸어져 있고 운동할 수 있는 기구들도 있어서, 가까이 사는 주민들이 자주 찾는다. 그저 둘러보아서는 눈에 잘 띄지 않는 길체에 그리 넓지 않은 꽃밭이 하나 있다. 훤칠한 소나무들이 줄지어 서 있는 뒤편 도린곁에 숨죽이고 있어서, 바로 찾아내기란 쉽지 않다.

나무 기둥을 드문드문 세우고는 몇 가닥 줄로 사이사이 연결해 출입을 막고 있을 뿐이다. 그런 곳에 있기에는 다소 생경한 느낌마저 든다. 꽃 이름들을 잘 알지 못하는 나로서는 그저 아름다운 자태로 사이좋게 어우러져 있는 모습이 좋을 따름이고, 지나칠 때마다 고운 향기가 주변에 그득하여 절로 걸음을 멈추곤 한다. 그런데 언젠가 보니, 하얀 종이 위에 쓰여 있는 아담한 글귀가 꽃가지 사이에 걸려 있었다.

"- 주의- 장미와 해당화 가시 조심! 벌도 조심하세요."

문구의 표현으로 보아, 어느 여인네가 써 붙인 것임을 바로 느낄 수 있었다. 같은 내용의 팻말이 몇 군데에 더 보였다. 정작 내 눈길을 사로잡은 것은 그 안쪽으로 걸려 있던 좀 더 커다란 팻말이다.

"마음의 위로와 쉼이 있는 곳! 이곳에 산책 오시는 모든 분에게 붓꽃의 꽃말처럼 '기쁜 소식'이 많아지고 더욱 건강하시며 행복하시기 바랍니다. 꽃밭 엄마 올림."

글 토막을 읽는 동안 잔잔한 감동이 꽃내음을 타고 밀려왔다. 그리곤 머릿속으로 이 꽃밭을 꾸미게 된 사연이 무엇일까 하고 그려보았다. 공원이니만큼 누가 원한다고 꽃밭을 마음대로 관리할 수는 없는 일일 거다. 적어도 구청 담당자를 만나고 또 만나 설득을 해서, 그 뜻과 고운 마음이 받아들여졌으리라.

꽃의 아름다움을 사랑하는 한 여인이 있다. 자식을 낳아 기르는 모정처럼 자상한 손길로 정성을 다해 꽃씨를 뿌리고, 때에 맞게 흡족히 물을 뿌려 준다. 잠자리에 들면서는 하루바삐 예쁜 새싹들이 돋아나길 기원한다. 탐스러운 꽃봉오리를 고대하고 설렘의 시간을 보내면서 잠 못 이루는 밤도 있었으리라.

혹여 감당하기 어려운 건강상의 문제나 가정적인 어려움을 겪은 것은 아닐까. 그 절망스러운 아픔 속에서 꽃들을 통하여 위로를 받고, 역경에서 벗어나게 되었는지도 모를 일이다. 하루가 다르게 새록새록 자라나는 모습을 보며 자녀들을 기를 때 맛보았던 감동과 기쁨, 그리고 벅찬 희망을 느꼈을까.

거짓 없이 돋아나는 순연한 생명력에 경탄하면서 사람도 결국 자연의 한 부분이고, 자연의 마음을 닮아갈 때 진정한 평온이 깃든다는 깨달음에 도달했을 수도 있다. 위로와 쉼이 있고 나날의 행복에 젖는 길은, 이렇게 한 송이의 꽃처럼 자연의 섭리에 순응할 때라는 기꺼운 소식을, '꽃밭 엄마'는 모든 이들에게 나눠주고 싶었으리라.

일찍이 프랑스의 사상가 장 자크 루소는 문명으로 오염된 사람과 사회를 향하여 "자연으로 돌아가라"고 외쳤다. 그는, 본래 행복하게 자연상태로 살던 사람들이, 문명의 발달과 자신들이 만든 제도나 문화에 의해 도리어 부자유스럽고 불행한 상태에 빠졌다고 보았다. 그러므로 참된 인간의 모습을 회복하기 위하여 본연의 모습인 자연으로 돌아가야 한다고 역설했다.

요즘처럼 사악한 거짓과 악행이 난무하는 대도시의 어두운 그늘 속에서, 곱디고운 꽃밭 엄마의 손길은 거부할 수 없는 신앙처럼 다가온다. 꽃밭 엄마처럼 자연의 일부가 되어 조건 없이 나누며 베푸는 마음이라면, 우리가 겪는 이 혼돈을 온통 꽃밭의 향기로움으로 바꿔 놓을 것만 같다. 현실이 아무리 메마르고 험해도, 어둠을 지키는 등대인 양 누군가가 내미는 사랑의 손길이 남아 있어, 여전히 우리의 삶은 견딜 만하고 아름다울 수 있다.

우리 모두 마음을 추스르고 순수한 자연의 마음으로 돌아갈 때, 더는 우울한 소식에 가슴을 옥죄지 않아도 되리라. (택시신문. 2012. 7. 9.)

선생님 선생님, 나의 선생님

선생님, 오늘 뜻밖에도 선생님에 관한 소식을 접하게 되어 너무 기쁘고 한편 놀란 마음으로 이 글을 쓰고 있습니다. 이게 얼마 만에 듣는 소식이던가요. 40년 가까운 세월이 흐른 게 아닌지요? 같이 근무하고 있는 선배로부터, 고교 졸업 40주년을 기념하는 '홈 커밍 데이' 행사장에서 선생님을 뵈었다는 얘기를 오늘 낮에 듣게 되었습니다. 여전히 그 옛날의 모습처럼 활력이 가득하시고 특히, 저에 대한 기억을 더듬으며 안부를 전하셨다는 말씀에 갑자기 가슴이 찡해오고, 그때의 추억들이 파노라마처럼 머릿속을 스쳐 지나갔습니다.

저희가 다니던 당시, 학교는 원통형으로 둥글게 건축된 보기 드문 건물이어서, 교실 모양새도 마치 접는 부채를 거꾸로 펼쳐 놓은 형태였지요. 큰길에서 꽤 벗어나 있어 주변은 빈들처럼 고요했습니다. 학교 뒤쪽으로 눈을 돌리면, 한 마리 파랑새를 찾기 위해 꼭 떠나야만 할 것 같은 운치 있는 숲속 길이 멀리까지 열려 있었습니다. 언젠가는 그처럼 꿈으로 가득한 곱다란 인생길로 반드시 가보겠다는 생각을 품고 지냈던, 그렇게도 낭만이 가득한 교정에서 선생님을 뵙게 되었습니다.

키는 자그마하셨지만 마치 토종밤처럼 옹골찬 모습에 안광이 번쩍여서, 처음에는 마주 보기조차 쉽지 않았습니다. 시간이 지나면서, 본교 출신의 선배님이라는 것과 아직 총각이며 누구나 부러워하던 대한민국 최고의 대학 독문학과를 졸업하셨다는 것이 소문으로 돌았습니다.

독일어 수업은 그 당시에 대개 그러했듯이, 네모 칸 안에 엇비슷하게 생긴 모양으로 들어찬 정관사와 부정관사를 암기하는 것으로 시작되었습니다. "der, des, dem, den……." 하면서 앞으로 이 시간이 가져다줄 고난을 가늠해보며 은근히 긴장했었습니다.

선생님과 직접 가까워지게 되었던 것은 고2쯤이었던 것 같습니다. 제가 음악에 관심이 많고, 흔히 '빽틀'이라고 불렀던 레코드를 많이 가지고 있다는 얘기를 제 친구에게서 들으셨나 봅니다. 아닌 게 아니라 그 당시에는 음악에 흠뻑 빠져 지내던 때였습니다.

한번은 교무실로 저를 부르셨는데, 그 당시 학생들이 교무실을 출입하는 것은 가장 피하고 싶어 하는 일이었습니다. 마치 군대처럼 출입문을 열고 거수경례를 한 채, "□학년 △반 ×××는 OOO 선생님께 용무가 있어서 왔습니다!" 라고 큰소리로 외치고야 들어갈 수 있었기 때문입니다. 그런 절차가 무엇보다도 싫었지만, 선생님 지시는 지상 명령과 같았으니, 요즘 같으면 상상할 수조차 없는 일이었습니다.

말씀인즉슨, 언제 한번 선생님 댁으로 와줄 수 있겠냐는 것이었습니다. 그래서 선생님과 한동네에 살고 있어 집을 알고 있던 친구와 정종 대병을 사 들고는, 선생님 댁을 방문하게 되었지요.

사방이 어둑어둑한 저녁 무렵이었는데, 방으로 들어서는 순간 너무나 낯선 풍경에 깜짝 놀랐습니다. 마땅히 방 안을 밝혀야 할 전등은 보이지 않고, 호롱불 하나가 흐릿하게 빛을 뿜고 있었기 때문입니다. 자정이 되면 전기 공급이 저절로 차단되던 시절이 있었지만, 그즈음엔 그래도 전기 사정이 많이 나아져서, 호롱불이나 등잔불은 전기가 들어오지 않던 시골에서나 볼 수 있었기 때문이지요.

방 두 칸짜리 작은 집에 모친과 출가하지 않은 과년한 누님, 이렇게 세 분이 살고 계셨습니다. 생경한 상황에 다소 충격을 받았지만, 뭔지 모를 막막한 사연이 있으리라는 짐작만 어렴풋이 했을 뿐이었습니다.

선생님께서는 음악에 관해서 이것저것 물어보시고, 음악을 듣고 싶은데 어떤 방법이 좋겠냐는 상의를 하셨습니다. 곧 근처에 있는 작은 독방을 얻어 나가신다기에, 그곳에서 녹음을 해 드리기로 했습니다. 선생님은 그 당시에 귀하기만 했던 내셔널 녹음기를 중고로 장만하셨고, 저는 제가 쓰던 휴대용 전축과 레코드를 가져가 새벽까지 녹음을 하곤 했습니다.

처음에는 비교적 가벼운 소품부터 시작하여 소나타, 실내악곡, 협주곡, 교향곡 등으로 옮겨 갔는데, 선생님은 모차르트의 '주피터 교향곡'과 차이콥스키의 '비창 교향곡'을 특히 좋아하셨습니다. 곡조에 흐르는 무겁고 암울한 분위기가 선생님 정서와 맞닿았었나 봅니다.

음악이 녹음되는 동안, 저는 선생님과 많은 대화를 나눌 수 있는 소중한 시간을 갖게 되었습니다. 그 당시 저는 독일 작가 토마스 만Thomas Mann의 소설을 읽고 그 작가에 관하여 깊은 경외심이 있었습니다. 선생님께서는, 토마스 만의 소설은 너무 방대하고 지루하게 느껴져서 대부분 도중에 흥미를 잃기 십상이라고 하시며, 그런 관심을 보이는 저를 보고 조금 놀라워하셨습니다. 그러면서도 남이 못 보고 느끼지 못하는 것을 깨달을 수 있다면, 그것은 충분히 가치 있는 일이 될 수 있다고 격려를 아끼지 않으셨지요. 많은 이야기 속을 거닐다가 새벽녘에 잠시 눈을 붙이고 선생님과 함께 등교하면서는, 까닭 모를 기쁨과 뿌듯함이 솟아났습니다.

그 격려 덕분이었을까요, 저는 결국 독문학을 전공하게 되었고 대학 강단에 서는 꿈을 꾸었지만, 제 능력이 부족하여 뜻을 온전히 이루지는 못하였습니다. 그렇지만 이렇게 교직에 발을 들여놓고 강사로, 겸임교수로 대학 출강을 하고 있으니, 그 꿈의 절반쯤은 가본 것이 아닌가도 싶습니다.

선생님께서는 제게 이런 말씀도 해주셨습니다. 인생을 살다 보면, 최선이라고 여겼던 길이 뒤로 미루어지기도 하고 차선이라고 곁눈질하던 바가 오히려 최선의 길이 되기도 하는 것이니, 어떠한 경우라도 흔들림 없이 노력을 다하는 삶을 살아가라고요.

그렇습니다, 선생님. 이제 나이가 들어가면서 그 뜻을 곱절로 음미하게 되었습니다. 이루지 못한 꿈에 함몰되어 자신을 스스로 내팽개치는 어리석음에서 벗어나 또 다른 내일의 태양을 준비하며, 꺾이지 않는 운명의 주인공으로 살아가는 것이 한층 의미 있는 삶이라고 믿어 의심치 않습니다. 그런 깨달음을 주셨던 것을 지금도 마음속 깊이 감사하고 있습니다.

대학 초기까지만 해도 선생님과 간간이 서신 왕래를 하며 연을 이어가다가 입대를 하고 나서 단절되었습니다. 제대 후에 여기저기 수소문을 해보았지만, 여러 차례 전근을 다니신 이후 확인을 하지 못한 채 이렇게 세월이 흘렀습니다.

지나간 시간을 뒤돌아보면 남은 것은 그저 한 줌의 재와 같습니다. 그렇지만 그 속에 꺼지지 않는 불씨가 남아 있어, 때가 차면 이렇게 활활 다시 타오르는 것인가 봅니다.

선생님, 그간 무심했던 마음 너무 죄송스럽습니다. 일간 시간을 내어 찾아뵙도록 하겠습니다. 옛날을 추억하며 중단되었던 세월의 흔적을 퍼즐 맞추듯이 모아보고도 싶습니다. 그때까지 내내 평안하시고 건강히 지내십시오.

〈추신〉 찾아뵐 때, 부족하지만 토마스 만에 관해 쓴 저의 논문을 가지고 가겠습니다.

(『이음새 문학』. 2010.)

아름답게 세월을 노래하자

시간은 흐른다. 시위를 떠난 살처럼 빠르게 달린다. 살벌하던 칼바람은 간데없고, 소소리바람을 넘어 봄둥이가 부르는 노랫소리만이 산하에 가득하다. 또 한 번 계절이 순환하였음을 깨닫는다. 어깨 위로 나른하게 내려앉는 나비 모습에서도 문득 세월의 유전이 느껴진다.

따사롭게 맨살을 간질여대는 햇볕은, 지난겨울의 긴긴 이야기를 주절대며 채 마무리하지 못한 나머지 사연을 재촉한다. 그러나 지나치면 그뿐일 뿐, 종적도 없는 세월과 등을 돌린 발걸음은 다시금 기억의 저편으로 멀어져 간다.

내가 서 있는 지금 이 순간을 헤아려 본다. 갇혀버린 듯한 공간 속에서 의식이나 상념도 중심을 잃은 채, 주어진 시간은 하루를 지나는 태양을 따라 긴 그림자를 드리우고 있다. 가물가물 멀고 먼 길을 달려왔던 기억은 엊그제 같은데, 닻을 내려야 하는 시점이 온 만큼 멀지 않게 느껴지면서, 마음속으론 찬 이슬이 맺힌다. 내가 발붙이고 살았던 이 땅에서 겪은 추억들이, 한편의 동화처럼 한순간에 떠올랐다가 허공으로 흩어져 간다.

집 앞 작은 공원에는 커다란 은행나무 한 그루가 서 있다. 옆에 놓여 있는 팻말에는 수령이 300여 년이나 되었으며, 서울시 보호수라는 것과 나무 높이, 둘레 등의 이력이 적혀 있다.

연륜보다 그다지 눈에 띌 만한 위용을 갖춘 것은 아니지만, 두툼한 껍질 틈새로 생채기 난 흔적이 군데군데 드러나 보일 때면, 비로소 범상치 않은 나이를 실감하게 된다. 300여 년이라는, 내가 살아보지 못한 세월이 남긴 나이테를 헤아려 본다. 쉽게 가늠할 수 없는 나무의 연륜을 따라 지금껏 지나온 길지 않은 내 역사가 혼재되어 냇물처럼 여울진다.

이 은행나무가 아기 수목이었을 300년 전을 역산해 보니, 조선 19대 왕인 숙종 임금 시절까지 거슬러 올라간다. 장희빈이 등장하는 사극을 떠올리며, 나름대로 시간의 간격을 느껴보려 하지만 쉽지 않은 노릇이다.

서양 역사를 들여다봐도 만만치 않은 어둠이 존재한다. 미국이 독립한 때(1776)보다도 앞선 시대이며, 근대사에서 획기적인 사건이었던 프랑스 대혁명(1789)과는 거의 1세기 가깝게 시차를 보이는 시간적인 공간이 놓여 있다. 저 나무는 말이 없는 가운데 혼란과 고난스런 시대를 넘으며, 내가 겪어보지 못한 근현대사의 산증인으로 남아서 오늘의 나와 마주하고 있다는 이야기다. 절연의 시간 앞에 절로 숙연함이 자리 잡는다.

10여 년 전, 미국 서부에 있는 그랜드 캐니언에 갔던 기억을 잊을 수가 없다. 버스에서 내린 후, 저 멀리 펼쳐져 있는 놀라운 광경이 차츰 눈에 들어오기 시작했을 때, 내 발걸음은 한순간에 얼어붙어 움직일 수조차 없었다. 잠시 숨이 멎어 버릴 것 같은 전율이 온몸을 휘감았다. 도무지 꿈조차 꾸지 못할 이런 경이로운 광경이 있다니. 다시 한 번 대자연이 품은 위대한 자태에 옷매무시를 바로 할 수밖에 없었다.

시생대 이후 20억 년 동안 생성된 다양한 지층이 그대로 들어나, 지질학 교과서라고 부른단다. 도대체 20억 년이란 기간은 내게 어떤 의미일 수 있을까. 아무리 그려보려 해도 도무지 감이 잡히지 않는 현실 앞에 망연할 따름이었다.

사람이 잘살아 본댔자 1세기를 넘기기도 어렵다. 의학이 발달하면서 수명은 급속하게 늘어나는 경향이 있다. 장차 기대 수명이 120세가 될 것이라는 희망찬 이야기가 화두이긴 하지만, 아직까진 꿈같은 이야기가 아닐 수 없다. 그렇다 해도, 이 대우주 사이에서 이방인처럼 살아가는 우리가 100년을 산다는 것에 무슨 큰 의미를 부여할 수 있겠는가?

게다가 원시림같이 어둑어둑한 어린 시절을 제외하고, 스스로 사고가 제대로 작동되지 않는 노년기를 제쳐 놓는다면, 우리가 가진 의지와 사고가 의미 있게 활동하는 기간은 그저 60여 년에 불과할 뿐이다. 300년 전의 일조차 감당할 수 없는 세월의 틈새가 존재하는데, 20억 년을 쌓아온 그랜드 캐니언의 역사를 우리가 어찌 돌아볼 수 있겠는가.

은행나무를 올려다본다. 알몸으로 찬바람을 이기며 참아내던 가지에도 병아리 부리 같은 새순이 돋아난다. 머지않아 봄을 재촉하는 비라도 한두 차례 내리고 나면, 금세 풍성한 푸름으로 되돌아올 거다.

우듬지에 홀로 남아 쓸쓸히 서 있는 나무를 위로하던 까치집도, 새로이 단장하고 다가올 찬란한 계절을 노래하겠지. 세월을 탓하지 않는 은행나무는 멈춤도 없이, 철 따라 싹을 틔우고 잎을 내며 결실을 보는 본연의 사명 또한 충실히 지속할 것이리라.

짧기만 한 인생길이 덧없음을 아쉬워만 하지 말자. 타울거리는 조급한 마음도 책갈피에 조심스레 보관해 두어야겠다. 철마다 모습을 바꾸어가며 새롭게 변모하는 은행나무가 될 수는 없어도, 삶의 흔적을 아름답게 가꾸어 갈 결 고운 나이테를 닮아 갈 수 있도록 힘써 도스르자.

주어진 삶에 순응하며, 단단하게 뿌리 내릴 내 그림을 멈춤 없이 진솔하게 그려가야 한다. 영겁의 시간 속에서 찰나의 순간만을 머물다 갈 티끌 같은 운명이니, 더욱 간절한 바람이 된다.

영원한 시간 앞에 한 점 찍기에도 부끄러운 촌각의 순간만이 내게 던져져 있다. 그래서인가, 하늘을 향해 온 몸을 던지고 묵묵히 제 갈 길로 향하는 은행나무로부터 진한 감동마저 느껴진다.

그는 머리 위로 푸른 하늘을 이고 바람결에 흐르는 흰 구름도 지켜보며, 저만의 아름다운 역사를 만들어 가겠지. 빛바랜 사진첩에서 숨죽인 채 빛나고 있는 지난날의 추억을 반추하며, 살포시 미소를 머금을 때도 있을 것이다. 남겨진 시간과 여건을 탓함이 없이 오롯이 한 길로만 한 걸음 한 걸음 공들여 나아가면서.

그런 흔들림 없는 지혜를 이제라도 내가 배워야 하는 절실한 까닭이 여기에 있다.

(『월간문학』. 2014. 7월호)

영원한 당신

청명한 6월 아침입니다. 출근하려고 집을 나서면 저절로 먼저 눈이 가는 곳이 있습니다. 자연스레 당신을 올려다보며, 진작부터 나를 지켜보던 당신과 눈이 마주칩니다. 맑고 고운 그 자태가 반가워 살며시 미소를 지어봅니다. 한결 세상이 환해지면서 하루의 일과가 새롭게 다가옵니다.

당신은 희망입니다.

당신의 온몸을 감싸고 있는 푸름을 보노라면, 숙지던 생기와 더불어 새로운 희망이 새록새록 피어납니다. 어디에 있든, 어떤 상황에 부닥치든, 힘들었던 마음으로 숨어든 자그만 불씨를 다시금 지펴 줍니다. 기도하는 마음으로, 간절히 바라던 소망이 기적처럼 이루어지길 꿈꾸며 당신을 바라봅니다. 병실을 지키는 많은 이들이 절박한 상황

속에서도 당신을 우러르며, 용기와 의지를 함께 얻고 역경을 헤쳐 갑니다.

당신은 평화입니다.

철없던 어린 시절, 뒷동산에서 친구와 코피 터지게 가루다가 힘이 빠지고 싸움도 지루해질 즈음, 누가 먼저랄 것도 없이 벌러덩 드러누워 바라본 것이 당신이었습니다. 상그레 웃고 있는 당신 모습에서 까닭 모를 안온한 기운을 받고, 친구와 서로 마주 봅니다. 씩 웃어넘기다 보면 전쟁은 그만 시들해지고, 서로는 다시 어깨동무하며 더더욱 친근한 벗이 되었지요. 그렇게 당신은 화해의 여신이었습니다.

삶과 죽음이 넘나드는 전쟁터에서도 잠깐 총성이 멎는 휴전 시간은 있습니다. 절망적인 상황 속에서도, 병사들이 참호에 기댄 채 당신을 향하여 내일의 평화를 그리며 기도했다는 어느 병사의 이야기를 읽은 적이 있습니다.

당신은 사랑입니다.

고단한 군대 생활 가운데도 힘들 때마다 당신을 바라보았습니다. 근무를 서는 내내 콧노래를 나직이 부르며 한 여인을 생각했습니다. 그녀가 즐겨 불렀다던 노래를 나도 가만히 흥얼댔습니다.

"탈대로 다 타시오, 타다 말진 부디 마소……."

이은상님이 쓴 시에 곡을 붙인 '사랑'이란 노래였습니다. 그러면 어느새 마음은 풍선처럼 부풀어 올라 당신께로 다가갔습니다.

사랑이 무엇인지 잘 몰랐습니다. 고백도 하지 못했습니다. 그저 눈으로 말하며, 그대도 나와 같은 마음이리라 올곧게 믿은 게 전부였습니다. 그녀도 창문을 열고 내 노랫소리에 귀를 기울일 거로 생각했습니다. 그렇게 당신을 올려다보면서 험한 세월을 잊었습니다. 힘겨운 전방의 군생활을 당신과의 눈맞춤으로 극복했습니다. "인제 가면 언제 오나, 원통해서 못 살겠다."고 했다던 인제하고도 원통골에서 말입니다.

당신은 분노입니다.

때때로 당신은 갑작스레 먹구름을 동반하고 와서 천둥과 뇌우를 쏟아내며, 한여름 무더위를 무력화시킵니다. 천지가 개벽하듯 온몸을 전율케 하는 당신의 분노는, 우리에겐 공포의 대상입니다. 당신의 호통 속에서 내 안에 숨겨 두었던 잘못을 속속들이 헤아려 봅니다. 사리물고 두 번 다시 그런 죄를 짓지 않겠노라는 두려움에 찬 고백도 쏟아냅니다. 이불을 뒤집어쓴 채 떨고 있던 어린 마음이 안정을 찾을 즈음, 당신은 창가에 선 무지개를 품고 호소에 화답합니다. 분노도, 사랑의 마음도 모두 당신 몫입니다.

당신은 바다입니다.

운동 기구에 거꾸로 매달려서 세상을 등지고는 당신을 바라봅니다. 가둘 수 없이 넓게 펼쳐진 쪽빛 바닷속으로, 구름이 마치 작은 섬처럼 날아듭니다. 속할 곳이 없는 새들은 보일락 말락 높이도 솟구쳐서, 지친 몸을 맡길 항구를 찾고 있습니다. 귓가로는 철썩철썩 파도 소리가 들려옵니다. 밀려드는 그 소리는 영혼을 담은 합창이 되어 내 가슴에 울려

펴집니다. 더하여, 종결이 있을 수 없는 영원한 모음이 되어 흩어져 갑니다. 한 귀퉁이에 갇혀 있던 내 의식의 부리들도 모두 고개를 들고 삼삼오오 명멸해 갑니다.

당신은 마음을 비춰보는 거울입니다.

그 거울 속에 침묵하고 있는 나를 바라보며 식지 않는 영원한 대화를 나누어 볼 소중한 친구입니다. 당신으로 하여금 세상의 아름다움을 바라볼 수 있게 되고, 어둡던 기억에서 새로워질 힘을 얻습니다. 바로 태곳적부터 영원을 향하여 날갯짓하던 소중한 나의 생명력입니다. 유관순 열사가 차가운 감옥 속에서 당신을 우러르며, 그토록 그리워했을 바로 그 자유를 향한 생명력입니다.

당신은 영원한 안식입니다

누구나 돌아올 수 없는 머나먼 길을 떠나면서, 마지막으로 누운 채 당신과 운명적인 대면을 하며 영원한 잠자리에 듭니다. 못다 한 이야기는 시공을 넘어 두고두고 이어질 겁니다. 바람 소리, 꽃향기, 수목의 수런거림과 새들이 지저귀는 속에서 깨칠 수 없는 당신과의 눈맞춤은 세월과 함께 가고, 또 영원토록 계절의 순환과 더불어 지속할 것입니다.

하루를 마감하는 저녁입니다.

당신은 넓디넓은 가슴을 화폭으로 삼아 한 점 산수화를 그려 갑니다. 나무들이 모여 숲을 이루고, 그 숲속으로는 수많은 새가 날아들어 노래를 부릅니다. 해거름에 진홍빛 낙조의 그늘로 비껴가는 구름장과 그 사이로 유유히 날아가는 철새들 모습이 모두 하나로 어우러져 오롯한 풍경화가 완성됩니다. 당신은 그 그림을 가슴에 품고 벅찬 하루의 일과를 마무리합니다.

어둠이 내리면 당신은 또 다른 세상을 연출합니다. 가슴마다 총총 쌓이는 별들과 도란도란 이야기를 나눕니다. 세상에 존재하는 수많은 사연처럼, 헤아릴 수조차 없는 별들의 대화를 듣다 보면 어슴새벽이 다가오는지도 모릅니다. 그 이야기들이 모여 아름다운 한 편의 시가 됩니다.

(『한국수필』, 2013. 8월호)

바다를 잠재운 호수

기회가 되면 한 번쯤 속초에서 지내고 싶다는 생각을 품고 있었다. 바다가 없는 내륙 지방에서 태어나 자라선지, 어릴 적부터 바다에 대한 동경이 몹시 컸다. 게다가, 속초에는 장엄하고 숨은 보석처럼 아름답기 그지없는 설악산도 가까이 버티고 있지 않은가.

학창 시절, 어쩌다가 영화 속에서 바다를 보게 되면, 그 끝없이 펼쳐진 수평선이 한동안 눈앞에 어른거리곤 했다. 그도 그럴 것이, 내가 자라면서 본 것이라야 농사를 지으려고 물을 가둬 놓은 방죽이나 강 또는 개울뿐이었으니까.

제대로 바다를 마주하게 된 것은, 언젠가 친지들과 함께 간 북평 해수욕장이다. 북평은 그 당시 삼척군에 속해 있었고, 그리 크지 않은 민간 비행장도 있어서, 덕분에 난생처음 비행기를 타고 김

포공항에 내린 적이 있다. 그러나 현재는 동해시의 일원으로 편입되었고, 비행장은 폐쇄된 지 오래다.

그렇게 내가 그리던 바다를 만날 수 있었다. 시원을 알 수 없는 수평선과 연한 녹색으로 물든 집채만 한 물결이 넘실대는 광경을 바라보며, 대자연이 담고 있는 경이로움과 함께 내 의식의 한 모퉁이에 잊히지 않는 자국을 남겨 놓았다.

이후 젊은 시절에는, 마음이 얽히거나 머릿속에 거미줄이 진을 치면, 가까운 친구와 동해안으로 떠나곤 했다. 여름 바다도 싱그러웠지만, 사람이 찾지 않아 텅 빈 겨울 바다야말로 나를 일깨우기에는 그만이었다. 하늘과 물이 하나 된 곳에서부터 달음질쳐오는 파도가 우레 같은 소리를 내며 해안을 두드리고, 흰 물거품이 되어 장렬하게 사라져 가는 장면을 하염없이 지켜보며, 가슴속에 드리운 어두운 그림자를 지워 버리곤 했다.

방황하던 청춘의 시간은, 마치 거친 파도가 지르는 외침과 부서짐 속에서 새 힘으로 날개를 단 듯이 날아올랐다. 삶으로 쫓기던 시간이 지나고 일에서 손을 놓은 시점에서도, 이런 속마음이 달라지지는 않았다.

속초에 온 후, 부지런히 주변을 둘러보았다. 내가 머무는 가까이에 영랑호가 있다. 주로 아침 시간에 이곳을 찾아 산책을 즐긴다. 영랑호는 석호潟湖라는데, 바다로부터 사주砂洲나 사취砂嘴로 인해 분리된 연안에 나타나는 호수를 의미한다고 한다. 조금 떨어져 있는 청초호도 같은 석호이다.

이 호반의 둘레는 대략 8km에 달하고, 빠른 걸음으로는 약 한 시간

반쯤이 소요된다. 자전거를 이용해도 40분쯤 걸리니 쉽지 않은 거리이다. 호수 위쪽에서 민물이 유입되고, 하구는 장사항 쪽 바다로 이어져 있다. 영랑호를 거닐다가 바다 내음이 그리우면 조금 더 발길을 옮기기만 하면 된다. 크지 않은 다리를 사이에 두고 호수와 바다가 분리되어 공존한다. 이쪽저쪽을 넘나들다 보면, 두 곳의 모습이 전혀 다른 별천지처럼 다가온다.

바다는 끝없는 열망과 도전이 살아 숨 쉬는 생명력으로 가득하다. 젊은 날 간직했던 꿈이 덩달아 꿈틀거린다. 넘나드는 파도의 호흡으로 가슴에 묵힌 찌꺼기를 닦는다. 그러나 한 장면처럼 자꾸만 되풀이되는 광경에 슬그머니 지루함이 스민다. 예전엔 한나절 내내 지치지 않고 바라보았건만, 이제는 그걸 견딜 만큼 절실함으로 다가오질 않는다. 젊음의 힘이 다해서인가.

다시 시작했던 곳으로 발길을 돌린다. 말없이 제자리를 지키고 있는 영랑호를 마주하자 이내 여유로운 안도감이 찾아온다. 들끓는 청춘처럼 열기가 넘쳐나는 바닷가에서 느낄 수 없던 안온한 분위기에 젖어 든다. 비로소 흔들리던 숨결이 안정을 찾고 긴장하던 마음도 문을 연다. 바로 명경지수의 경지를 호수와 만남에서 발견할 수 있음을 깨닫는다.

물이 한눈에 들어오는 아늑한 곳으로 자리를 잡고 앉는다. 저 멀리, 장엄한 울산바위가 위용을 드러내며 언제부터인지 모를 묵언 수행을 하고 있다. 미소를 숨긴 듯 눈 앞에 펼쳐진 잔잔한 수면은 곱게 채색된 화판과 다름이 없다. 그 안에 쪽빛 하늘과 여린 날개를 달고 유유히 떠가는 구름장이 머물고, 푸름을 한껏 머금은 초목과 물새들의 비상이 담긴다.

물 위에 그려진 고요한 정물화는 머무름이라는 소중한 의미를 일깨워 준다. 잊을세라, 한 폭의 그림이 일렁이며 내 안에 혼곤히 잠들어 있는 기억들을 불러 모은다. 질풍노도와 같던 파란 시절은 꿈결처럼 가고, 이제는 지나쳐 온 세월의 뒤안길에서, 의미 있게 영글어 갈 시간을 가꾸어야 한다는 내 안의 속삭임이 거듭된다.

바다가 연주하는 우람한 합창이 싫어서 발걸음을 옮긴 것은 아니다. 그보다는 세월 흐름 따라 눈앞에 새로이 다가선 호수의 고요함이, 왠지 인생 발자취를 되돌아보는 자성의 시간으로 이끌고 있기 때문이다. 그 잠잠함 가운데 침잠했던 사연이 깊은 의미로 되살아오고, 미루거나 방치했던 그늘진 잠재의식이 하나씩 옷을 벗으면서, 지나온 삶이 다시금 곱다랗게 단장되기를 꿈꾸고 있다.

같은 몸이면서도 서로 다르게 공존하는 바다와 호수를 오가며, 담긴 그릇에 따라 얼마나 생김새가 다를 수 있는가를 느끼게 된다. 이제는 저물어 가는 노을로 마지막 그림자를 아름답게 드리우는 저 호수처럼 살고 싶다는 생각이 솟구친다. 내 삶의 추가 이렇게 기울어감을 느낀다. 호수를 닮은 그릇처럼 되고픈 마음 또한 간절하다.

바다는 겁 없는 청춘과 모습이 닮았지만, 바다를 잠재운 호수는 지나온 삶이 걸어온 발길을 되새김하는 인생의 거울이 아닐런가.

(『강남문학』. 2016.)

잠에서 깨어난 시계

우연히 '다큐멘터리 3일'이란 프로그램을 보게 되었다. 종로 4가 예지동에 있는 시계 골목을 소개하기에 지켜보았다. 한때는 그곳이 발 디딜 틈조차 없을 만큼 붐비던 곳이라는 상인의 말 속에 아련한 그리움이 묻어났다. 돌이켜보면, 예전엔 시계를 찬다는 것이 얼마나 대단한 일이었던가. 게다가 이름이 알려진 외국산이라도 가지고 있으면, 부러움을 한몸에 받기도 했다.

술값이 모자랄 때 척 내놓아도 해결되고, 궁할 땐 전당포를 찾아가 아쉽지 않을 만큼 돈을 빌릴 수도 있었다. 시대 상황이 그러했으니, 내로라하는 족보를 가진 시계들이 이곳으로 몰려들어 수리되고 거래되면서, 호황을 누렸음은 쉽게 짐작할 수 있다. 그러나 시대 변화를 어찌 거스를 수 있으랴. 전자시계가 대량으로 생산되면서 귀하디귀하던 가치가 껌값처럼 가벼워지더니, 시간이 표시되는 손전화가 일반화되면서는 아예 뒷전으로 몰린 형국이 되지 않았던가. 이제는 몇 집 남아 있지도 않지만, 명품 시계를 중심으로 근근이 명맥을 이어간다고 한다.

빠르다 못해 초고속으로 변해가는 IT 물결을 타고 추억 속으로 사라져 간 것들이 어디 한둘일까. 6, 70년대에는 집집이 라디오가 재산 1호처럼 귀한 취급을 받았다. 그조차도 없는 집이 많아, 연속방송극이 시작될 즈음에는 으레 정해진 이웃집으로 꾸역꾸역 모여들었다. 숨을 죽인 채 귀를 기울이며 집중하던 광경이 눈에 선하다.

'빼꾸기가 된 처녀들'이나 '섬마을 선생님', 또는 '하숙생' 같은 드라마가 기억 속에 남아 있다. 상황이 그러했으니, 라디오를 수리해 주던 전파상이 한동안 번창하던 시절도 있었다. 그것 또한 TV에 밀려 종적을 감춘 지 오래다. 되돌아보면, 이제는 보이지 않는 것에 대한 아릿한 그리움이 다가온다.

시계 점원의 말 중에 '죽어 있던 것을 되살리고 톱니바퀴가 힘차게 움직이는 걸 보면, 심장이 뛰면서 기쁨과 보람이 넘친다.'는 표현이 가슴에 와 닿았다. 그 말을 듣다가 문득 오래 전에 고장이 난 채로 서랍 안에 방치된 시계가 생각났다. 결혼 예물로 받은 것이었지만, 세월 따라 온몸이 상처투성이고, 줄은 땀으로 부식되어 제 색깔마저 잃어 버렸다. 더구나 결정적으로 시간을 조정하는 손잡이가 고장이 난 이후로는, 그저 상처뿐인 영광을 안고 퇴역한 지 한참 되었다.

다음날, 혹시나 하는 마음을 안고 예지동 골목을 찾았다. 화면에서 언뜻 본 골목이 한산했지만 낯설지 않아서 반가웠다. 좁은 길 한쪽에는,

하늘만 가린 시계 노점들이 늘비하다. 입점할 만한 여건이 안 되는 영세 상인들로, 머리마다 흰 서리가 내리고 얼굴엔 세월의 흔적이 깊게 새겨져 있다. 정작 방송에서 소개되었던 가게들은 오전 11시가 되었는데도 아직 문이 닫혀 있다. 길지 않은 골목길을 노량으로 돌아보다 열려 있는 한 상점 안으로 들어갔다.

장년의 주인에게 방송을 보고 왔다는 말을 던지자, 자신도 보았노라고 반색하며 맞이한다. 방송에서 보았던 내용을 주섬주섬 읊조리자, 원래부터 있던 토박이 상인들은 출연하기를 꺼렸다는 말을 덧붙인다. 지금의 처지가 예전 같지 않고, 초라해 보이는 것이 부끄럽다며 극구 고사를 했단다.

가지고 간 시계를 보이며, 값비싼 건 아니지만, 추억과 의미가 담겨 있어서 가능하면 고치고 싶다고 했다. 뒷면을 열고 찬찬히 들여다보더니, "좋은데요. 그 당시에는 꽤 괜찮은 시계였을 겁니다. 조금만 수리하면 새것처럼 오랫동안 쓸 수 있습니다."라며 자신에 찬 손바람을 엿보게 한다. 하는 김에 줄도 도금하면 정말 감쪽같겠다는 말에 따라 그것까지 부탁했다.

닷새가 지나 그곳에 다시 들렀을 때, 내놓는 물건을 보고 내 눈을 의심하지 않을 수 없었다. 예물로 처음 받았을 때처럼 반짝이는 모습으로 놀라운 변신을 하였다. 마뜩하여 바라보는 내게 "문제가 생기면 언제라도 오세요. 손 좀 보면서 사용하면 앞으로 한참 더 갈 겁니다."라며 미소를 머금는다.

시계를 손목에 차고 돌아서는 발걸음이 사뭇 가벼웠다. 새삼스레 귀에 대고 심장 박동처럼 울리는 새 생명의 외침을 듣자니, 잔잔한 감동이 밀려왔다. 마치 살아 숨 쉬는 생명체를 대하는 것 같다.

돌아오는 전철 안에서 이런 생각이 스며들었다.

'오랜 세월 동안 호흡을 멈추고 잠들어 있던 시간이, 새롭게 깨어나 희망에 찬 노래를 부르고 있다. 만약, 우리네 인생도 살아가는 동안 좌절하고 힘이 빠질 때, 필요한 만큼 멈춰 설 수 있는 여백의 시간이 주어진다면 얼마나 좋겠는가. 험준한 인생길에서 깊은 고뇌의 늪을 건너야 하거나, 견딜 수 없는 고통과 자책 속에서 끝이 보이지 않는 방황을 할 때, 갑자기 전기가 스르륵 나가듯 모든 것을 종결하고 침묵 가운데 머물 수 있다면. 그리하여 의미 있는 새 힘을 얻고 다시 깨어나 중단했던 길을 이어간다면, 우리의 삶이 한결 마디고 풍성해지지 않을까.'

물론 매일 밤 찾아오는 휴면 시간은 있다. 그렇지만 그것은 온전한 안식이 아니다. 꿈결 속에서 현실보다도 더 견디기 어려운 고통의 그림자가 몰려와 몸을 떨기도 한다. 우리는 이 각다분한 인생놀음에서 헤어날 길 없는 숙명을 지닌 서글픈 존재들이다.

다시 한 번 슬그머니 손목을 귓가에 대본다. 이번엔 잠에서 깨어난 시계가 내게 위로의 말을 건넨다.

"이 세상에 영원한 생명을 지닌 것이 있기나 한가요? 언제까지일진 모르지만, 함께할 수 있는 동안 이렇게 서로를 느끼고 사랑하며 곱다란 추억을 쌓아 가면 되는 일이지요……."

(『그린에세이』. 2016. 제17호)

지나간 날들은 아름다워라

모교에서 강의하는 날 가운데 하루는 저녁 강의다. 끝난 뒤 다소 늦은 시간, 어둠이 짙게 내린 교정을 바로 나가지 않고 도서관과 연결된 층까지 올라간다. 그곳에서 밖으로 나간 후, 도서관을 한 바퀴 빙 돈 다음 정문으로 발걸음을 서두른다. 환하게 불을 밝히고 있는 도서관 옆을 지나치며, 내가 저 안에서 보냈던 지난 세월을 꿈결처럼 그려본다. 벌써 40년 하고도 한참을 더 지나왔지만, 그 시절에 대한 기억과 그리움은 여전히 남아 있다.

예나 지금이나 겉모습은 크게 변한 게 없다. 학창 시절, 수업이 끝나기 무섭게 곧장 그곳으로 가서 자리를 잡고는 주변을 둘러본다. 익은 얼굴을 확인하려는 까닭에서다. 이곳에서 나는 평생 반려인 두 친구를 만났다. 서로 학과는 달랐지만, 우리는 찰떡처럼 도서관에 붙어살았다. 하나라도 보이지 않으면 허전하기 그지없었다.

지금도 그때를 기억하고 있는 사람들과 만나면, 여지없이 두 친구에 대한 안부를 동시에 묻곤 한다. 아마 그 친구들도 마찬가지일 거다. 이후 우리는 모두 교육자의 길을 걷게 되었고, 두 친구는 최고 관리자가 되어 직을 마무리했다.

도서관 바로 앞에는 그리 넓지 않은 잔디밭이 있다. 시험 때가 다가오면, 그곳에 둥그렇게 진을 치고 앉아 같이 공부하던 모습이 아스라이 떠오른다. 세월 따라 뿔뿔이 흩어진 지금, 지워지지 않는 이름과 얼굴들, 그리고 나누었던 이야기들이 새록새록 피어난다.

그 당시에는 그다지 알려지지 않았던 '생텍쥐페리'의 『어린 왕자』를 구해 돌려가며 읽었고, 어둠을 안고 집으로 가면서는 나누었던 이야기의 뒤안길을 헤매느라 머리가 온통 거미줄처럼 엉켜버린 날이 얼마나 많았던가. 이렇게 대학 시절을 생각하다 보면, 언제나 그 중심에 도서관이 자리하고 있다. 세월이 흐른 지금, 낙엽이 지는 늦은 밤에 도서관을 돌며 갖가지 추억으로 물든 조각들을 모아 보는 순간은, 비록 잠깐이지만 무디어진 가슴을 따뜻하게 덥혀준다.

어느 날인가는 추적추적 비가 내리고 있었다. 정문을 나서자 언뜻 학창 시절에 친구들과 자주 들렀던 골목 술집이 생각났다. 발길을 돌려 그곳으로 향하는데, 주변에 늘어선 가게들이 전혀 예전 모습이 아니다. 이제는 먹자골목이라는 이름도 얻었고, 싸고 푸짐하기로 소문이 난 터여서, 다른 지역에서조차 찾아오는 학생들로 넘쳐난다는 기사를 본 적이 있다. 과연 그랬다. 길지 않은 골목길이었지만 젊은이들로 가득 넘쳐나고, 갖은 음식 냄새가 진동했다. 그러나 아쉽게도 확인해 보고 싶었던 '이화집'은 어디에도 흔적이 없다. 어림잡아 짚어본 곳은 전혀 생경한 모습으로 바뀌어 있었다.

그 당시야 주머니 사정이 빤한 학생 신분이었으니, 마시는 술이란 그저 막걸리였다. 지금처럼 때깔 좋고 맛깔스러운 쌀막걸리가 아니라, 밀가루를 사용하고 카바이드로 익힌 것이어서 냄새가 역할 뿐 아니라, 첫잔에 입을 댈 때는 절로 얼굴이 구겨졌다. 그걸 김치전과 함께 꿀꺽 삼키고 서서히 취기가 돌면, 그때부터 술이 술을 마시는 거였다.

누군가 장학금을 받았거나 특별한 일이 있을 땐, 오징어 볶음 같은 고상한 안주가 올라왔다. 객쩍은 농이 오가다 술기운으로 얼큰해지면, 어느 한 친구의 선창에 따라 예술이 시작된다. 흘러간 옛 노래부터 통기타 가수들이 부른 최신곡에 이르기까지, 쉼 없이 계속되었다. 너나 할 것 없이 젓가락으로 장단을 맞추고 목청을 길게 뽑았다.

앞에 놓인 상은 어찌나 난타를 당했던지, 어느 한 곳 성한 데가 없었다. 노란색 알루미늄 주전자와 술잔도 온몸이 만신창이가 되어 땀까지 뻘뻘 흘리고 있다. 시대 자체가 어둡기 짝이 없던 암울한 시절, 세상에 대한 울분을 우리는 그렇게 풀어냈었다.

언젠가 친구들과 어울려 이화집을 찾았는데 웬 젊은 여인이 보였다. 주모 말로는 시골에서 올라온 먼 친척이라고 했다. 무슨 말 못할 사연이 있었겠지만, 그 여인의 출현으로 분위기가 확 바뀌었다. 우리는 그녀를

'이화'라고 불렀다.

처음에는 시골 처녀다운 수줍음으로 말을 던지면 빙긋이 웃기만 하더니, 날이 갈수록 빠르게 달라지고 있었다. 노래 한자리 해보라면 망설임 없이 부르기도 하고, 마친 뒤에는 막걸리 한 잔을 훌쩍 비우는 여유까지 보였다. 그녀는 선웃음까지 지어 보이며 스스럼없이 이화가 되어가고 있었다. 그런 모습이 내게는 왠지 안쓰럽게 다가왔다. 둥그스름한 얼굴에 호수처럼 큰 두 눈이 시원스런 느낌을 주는 생김새였다.

나는 학창 시절에 배운 '이조년'의 '다정가'가 떠올라, "이화梨花에 월백月白하고 은한銀漢이 삼경三更인제…….''를 읊조리며 어설프게 그 뜻을 얘기해 주었다. 한번은 잔이 비자 채우려고 다가온 그녀에게 뚱딴지같이, "이화씨, 여기 있지 말고 고향으로 가요." 라고 나직이 말했다. 그녀는 입가에 가벼운 미소를 잠시 머금더니 말이 없었다. 그 이후에도 몇 차례 그런 가벼운 실랑이가 되풀이되었지만, 나중에는 아무런 표정마저 없었다. 내 인생이 아닌 것을 더는 어찌하겠는가.

언젠가 이화집에서 술을 마신 다음날 책가방을 정리하려는데, 꽃무늬가 있는 신발 한 짝이 달랑 들어 있었다. 한눈에 이화의 신발임을 알아차렸다. 친구 중 누군가가 날 놀려주려 했음이 분명하다. 등교하면서 돌려주기는 뭣해서 저물녘을 지나 어둠이 내릴 때쯤 이화집으로 향했다.

끄느름한데다 부슬부슬 가랑비도 내렸다. 골목길로 접어들었는데 먼발치에 설핏 그녀의 모습이 보였다. 그러나 뭔가 평소 모습과는 달라 보였다. 문밖에서 고개를 접고, 하염없이 떨어지는 빗방울을 바라보고 있었다. 순간 나는 주춤대며 망설일 수밖에 없었다. 다행히 오래잖아 안으로 들어갔지만, 들어가면서 슬쩍 눈가를 훔치는 걸 봤으니 공연히 나도 귀살쩍었다. 선뜻 들어설 용기가 나지 않았다. 그냥 문 앞에 신발 한 짝을 던져 놓고는 쫓기듯 자리를 떴다. 그 이후, 나는 이화집을 찾지 않았다.

흐르는 시간 따라 가끔은 뜬금없이 지난날이 떠오르고, 잊고 있었던 얼굴들이 생각날 때가 있다. 나는 대학 생활을 회상할 때마다 먼저 도서관에서 보냈던 오랜 시간은 물론, 함께했던 사람들과 나눈 속 깊었던 대화와 정겹게 아로새긴 추억이 떠오른다.

오늘처럼 모교를 찾은 날에 비라도 내리면, 뜬금없이 이화의 모습 또한 어른댄다. 다들 어떤 모습으로 오늘을 살고 있을까. 지나온 세월은 그것이 기쁨이든 아픔이든 간에 한편의 아름다운 그림으로 마음속에 걸려 있다. 시간의 유전은 그렇게 추억을 잉태하고, 꿈을 꾸어볼 수 있는 여백을 마련해 주는 삶의 또 다른 그림자가 아니던가.

(2015. 12. 27.)

고뇌 속에 피는 꽃
- K 화백에 대한 추억

살아가는 동안 가장 가치 있는 일이 무엇일까?

들먹이며 고뇌하던 청춘 시절은 물론이고, 등에 진 세월의 더께가 덕지덕지 쌓인 지금도 이 질문에서 벗어나지 못한다. 저마다의 생각과 처지, 지향하는 목표나 상황에 따라 여러 답변이 있을 수 있겠으나, 내게는 청소년 시절부터 바뀌지 않은 것이 있다.

살고 있음을, 살아왔음을 가늠하며 시시때때로 어루만지면서 내면 깊숙이 차곡차곡 모아두고 있던 것은 창작에 대한 꿈이다. 그것이 어느 분야이든 개의치는 않는다. 단지 학창 시절에 책을 가까이하고, 이런저런 백일장에서 상을 탄 연유로 글 쓰는 것에 관심이 많았을 뿐이다.

젊은 시절 만났던 화가 K는 그런 내 의식을 더욱 부채질했던 사람이다. 한동안 의기투합하며 떼려야 뗄 수 없는 찰떡같은 교제로, 어지럽게 방황하던 젊은 시절에 적잖은 위안과 더불어 삶을 향한 돌파구를 찾는 기회가 되었다.

나는 틈만 나면 즐겨 그의 화실을 찾곤 했다. 땅거미가 내리면 자연스럽게 같이 퇴근하는 경우가 많았는데, 그럴 때마다 가까이에 있던 그의 화실을 들르곤 했다. 문을 열고 들어서면, 화실 특유의 테레핀 냄새가 마치 오래된 고목에서 나는 향기처럼 익숙하게 나를 맞았다.

음악이 담겨 있는 테이프를 살려 어둑히 잠들어 있던 공간을 깨우고, 그가 타주는 향 좋은 커피를 나누어 마시며, 우리는 속마음을 내민 채 시간 가는 줄 모르고 이야기를 나누었다. 여기저기 크고 작은 작품들이 빼곡히 얼굴을 들이민 공간에는, 세상을 벗어난 또 다른 시간이 존재하는 듯 여겨졌다.

어느 때는 일을 보다가 늦은 시간에 그곳을 찾기도 했다. 그는 긴 머리칼에 마도로스 풍의 모자를 눌러쓰고, 커다란 화판을 마주하며 작업하는 경우가 많았는데, 방해될까 저어하여 나는 조용히 등 뒤에서 그런 모습을 지켜보곤 했다.

그 시간이 내게는 꿈결처럼 아름답게 다가왔다. 팔레트에 여러 가지 물감을 풀어 놓고 서로 합치거나 덧붙이면서 만들어내는 오묘한 색감의 신비와, 텅 비어 있는 무의 세계에다 한 땀 한 땀 수를 놓듯이 자신만의 세계를 채색해 가는 손길 하나하나가 깊은 감동으로 다가왔다.

가슴 속에 아련히 물들어 있는 비밀의 문을 두드리며 혼을 담아 창조해 간다는 것은, 영원을 향한 거부할 수 없는 손짓임을 깨닫게도 했다. 창작이야말로, 가장 고귀하게 자신의 영혼을 고백하는 일일 것이라는 믿음을 새롭게 새겨보던 순간이기도 했다.

한편으로 그것은, 바라보는 사람의 가벼운 감상이나 느낌일는지도 모른다. 이따금 술잔을 마주하다 보면, 잔이 거듭될수록 고통과 번뇌로 가득한 그의 속마음을 들여다볼 수 있었기 때문이다. 그토록 곱던 그림의 뒷모습에는, 각고의 인내와 끊임없는 노작에서 비롯된 피로와 함께, 내면에 웅크리고 있는 고독이란 그림자가 서성거리고 있다는 사실에 사뭇 숙연해진다.

원한다고 다 뜻대로 되는 것도 아니리라. 작업하다가 마르지 않는 회의가 솟아나면 도중에 수없이 지우고, 심지어 부숴버린 경우가 한둘이 아니었다는 고백 속에 문득, 운명이 아니고는 감히 행할 수 없는 과업이라는 생각을 했다. 창작을 향한 불꽃같은 정열의 뒤안길에는, 도무지 채울 길 없는 정신적인 허기가 늪처럼 버티고 있다는 아이러니를 어떻게 받아들여야 할까.

세상 사람들에게 기쁨을 주고 감동을 선사한 상당수의 문학가나 예술가들이, 정작 자신의 소진된 영혼으로 인하여 비정상적인 삶을 살거나 정신 분열적인 모습을 보이기도 하고, 때론 스스로 목숨까지 끊었던 극단적인 경우를 우리는 알고 있다. 나는 K 화백을 통해서 동전의 양면 같은 두 세계를 들여다보며, 그를 향한 애잔한 마음이 늘 한켠에 남아 있었다.

언젠가 K 화백이 소속된 작가 모임에서 그룹전을 연 적이 있다. 전시 마지막 날에 꼭 오라는 당부를 뿌리치지 못하고 갔다가, 여러 화가와 교제할 기회가 있었다. 얼굴을 알고 지내던 사람들도 있어서 뒤풀이 자리에도 참석하게 되었다.

술잔이 부지런히 오가며 성공적인 마무리를 자축하는 분위기가 역력했다. 취기가 한껏 오르자 서로의 속마음을 훌훌 털어내는가 싶더니, 급기야 자신을 가리고 있던 견고한 수렴들을 아예 벗어 던지고 있었다. 숨죽이고 있던 활화산이 폭발하듯, 마음속 깊은 곳에 켜켜이 쌓여 있던 고뇌의 조각들이 제동 장치가 풀린 채 허공에 난무하기 시작했다.

대화는 슬그머니 뒤안길로 꼬리를 기이고, 제 감정에 파묻혀 울부짖거나, 뜻한 바를 이루지 못한 자책으로 자해하려는 때도 있었다.

그날의 모임을 뒤로 하고 오면서, 수습할 길조차 없어 보이던 그 광기서린 장면이 떠올라 머릿속이 온통 벌집 쑤셔놓은 것 같았다. 그토록 여유롭고 고상해 보이던 예술가의 삶 속에, 아무나 알 수 없는 숙명적인 우수와 고독이 넘쳐나고 있음을 엿보게 된 사건이었다.

화가 K는 그 당시 새로 출범한 대한민국 미술대전에서 몇 차례 입선을 거치더니, 곧이어 특선 작가가 되는 결실을 이루었다. 어느 날 저녁 무렵 그의 화실을 찾았더니, 길게 담배 연기를 한 모금 내뿜으며, 이제는 고향으로 가서 온전히 작품에만 전념하겠다는 뜻을 밝혔다. 숱한 갈등 끝에 내린 결정임을 알기에, 아쉬움을 애써 외면하고 고개를 끄덕이는 것으로 대신했다.

잠시 침실에 들렀다가 나오는 그의 손에, 크지 않은 작품 하나가 들려 있었다. 자신이 그동안의 삶 가운데서 가장 힘들었던 시절에 완성한 그림이라면서, 잘 간직해 달라는 말과 함께 내게 건넸다. 이파리가 남아 있지 않은 고목을 형상화한 것으로, 얼핏 비구상적인 요소가 가미된 유화였다.

작품을 분신처럼 아끼며 함부로 남에게 건네지 않는 것을 알기에, 나는 그의 마음을 고맙게 받았다. 박나무로 표구를 마친 다음, 집 안 거실 한가운데 걸었다. 집을 옮겼을 때도 어김없이 거실 중앙에 자리한 지, 벌써 30여 년의 세월을 훌쩍 타고 넘었다.

그림이 늘 한 자리에만 머물러 있다 보니, 다소 그 존재감이 바래져 있긴 하다. 그러나 아주 가끔 내 안의 시간 속에 머물다 마음이 흔들릴 때면, 망연히 그것을 바라보며 잠들어 있던 의식의 창을 두드리게 된다. 그림 안에 그의 모습이 겹쳐지면서, 젊은 날 간직했던 꿈으로 시들해진 마음을 다잡아도 본다.

한참을 방황하다 뒤늦게 돌아온 자리, 이제는 변변찮은 나의 글쓰기가 그 시절의 절실함으로 거듭나는 가운데, 삶의 흔적을 제대로 담아내기 위한 몸부림으로 다시 지펴지기를 소망해 본다.

그가 작품을 향하여 불살랐던 순연한 열정과 예술혼처럼, 나도 내 글에 그대로 쏟아 부을 수만 있다면, 더없이 가치 있는 일이 될 것이라는 바람도 실어본다.

가면 갈수록, 창작이라는 것이 생각만큼 단순하게 이루어지는 것이 아님을 절절히 깨닫고 있다. 작가의 의식 속에 깨알처럼 흩뿌려져 있는 실마리를 모으고, 이를 하나하나 뜸 들이며 어루만질 때, 비로소 그 모습이 제대로 갖춰져 가는 것이기 때문이다.

남다른 재주를 타고나지도 못한 주제에, 그것이 한낮 꿈처럼 여겨지기도 한다. 하지만 간절히 원하면 통한다는 말처럼, 고뇌를 삭이며 꾸준하고 사려 깊은 발걸음으로 정진해 간다면, 내 글 세계도 하루하루 성숙해 갈 수 있으리라는 작은 믿음을 가져본다.

오늘따라 K 화백과 함께했던 시절이 마냥 그립다.

(『문예운동』. 2017. 봄호)

자전거 타기의 추억

아침마다 자전거 타는 재미가 쏠쏠하다. 벌써 서너 달째 지속해온지라 이제는 제법 이력이 난 듯도 하다. 간단히 아침 식사를 마치자마자, 물통과 장비를 챙기고는 곧장 밖으로 나선다. 먼저 가까이 있는 영랑호로 향한다. 비릿한 민물로 세수를 하고 뽀얀 얼굴을 내미는 호수는, 오늘도 입가에 미소가 가득하다.

발판에 조금씩 힘을 더해본다. 속도가 오를수록 귓가에 맴도는 바람의 속삭임도 점점 깊어간다. 고요한 호반의 허리를 스치며 달리는 동안 머릿속이 환해지고, 신선한 기운으로 마음 또한 충만해진다.

주변을 감싸고 있는 벚나무 이파리가, 불과 며칠 사이에 푸릇한 자태를 거두고 낯빛을 붉히기 시작한다. 오래잖아 온 천지가 불타는 계절의 향연으로 마지막 옷깃을 물들여 가리라. 이렇듯 수목이 눈앞에서 옷을 갈아입는 때가 되면, 한 해가 벌써 다 간듯하여 마음 한구석에 허전함이 자리한다.

내가 어린 시절에 배웠던 자전거는 어른들이 타는 것이었다. 나는 키가 작았으므로 오른발을 안장 밑으로 넣고, 왼손은 핸들을, 오른손으로는 안장을 감싸 안고서 발판을 밟아댔다. 열심히 넘어지고 무르팍을 혹사하며 익혀서 지금의 실력(?)을 갖추게 된 셈이다.

자전거 타기를 생각하면 고등학교 시절에 겪었던 일이 떠오르곤 한다. 고1 때 어느 토요일 오후였을 것이다. 마침 일주일 동안 봉사하는 주번활동을 마치고, 마냥 해방된 기분으로 학교를 나서는 참이었다. 그 날은 출장을 가신 아버지께서 자전거를 두고 가신 터라, 나는 어머니 허락을 받고는 흡족한 기분이 되어 자전거에 올랐다. 학교까지는 걸어서 보통 50여 분이 걸리는 거리였으니, 주번 활동을 하려면 평소보다 30분쯤 앞서서 출발해야 한다. 자전거를 이용하게 되었으니까, 시간 걱정을 할 필요가 없어 절로 콧노래가 나왔다.

그렇게 타고 왔던 자전거를 끌고 교문을 나서는데, 갑자기 엉뚱한 생각이 들었다. 거의 시내 외곽에 있던 학교는 조치원 쪽으로 향하는 길목에 있었다. 충북대학교로 들어가는 입구를 지나 한참을 가면 강서가 나오고, 좀 더 가다 보면 긴 오르막을 지나 둔터라는 곳에 이른다.

둔터에는 외가 친척들이 옹기종기 모여 살았다. 평소에 외갓집을 갈 때는 시내버스를 타고 강서까지 가서는, 다시 시외버스로 갈아타고 둔터에서 내려야 했다. 그런데 그날 뜬금없이 외갓집까지 다녀오겠다는 마음을 먹었다.

가로수가 길게 늘어서 있는 아스팔트 위를 달리는 기분은 그만이었다. 그러나 그 기분도 잠깐, 호기 있게 시작한 자전거 여정이었지만, 시간이 지나자 온몸에서 불협화음이 들리기 시작했다. 그렇다고 다시없을 기회를 놓치고 싶지도 않았다. 버즘나무가 서서히 물들어가며 끝없이 펼쳐져 있는 가로수 길은, 가면 갈수록 까닭 모를 두려움과 함께 나를 끌어당기는 묘한 마력이 있었다.

바쁜 마음으로 발판을 더 열심히 밟아보았지만, 동시에 온몸에 가해지는 고통은 점점 극심해졌다. 마침내 둔터로 향하는 긴 고갯길이 눈앞에 나섰다. 버스를 타고 다닐 때는 별반 느끼지 못했던 일이었으나, 내 힘만으로 오르는 일은 예삿일이 아니었다. 온몸이 금방 땀으로 뒤범벅이 되고, 결국 자전거를 질질 끌고 가야 하는 처량한 신세가 되었다.

얼마를 더 올랐을까, 갑자기 태양이 스르륵 눈을 감는 듯한 느낌이 들었다. 아뿔싸, 가을로 접어들었으니 지금은 해가 일찍 떨어지지 않던가. 뒤늦은 깨달음과 함께 갑자기 두려움이 엄습했다. 익숙하지 않은 길에 해거름이 아니던가. 마음이 다급해지기 시작했다. 더 계속한다는 것은, 기름을 지고 불구덩이로 뛰어드는 일이라는 생각이 스쳤다. 급하게 가던 길을 되돌릴 수밖에.

서둘러 바꾼 발걸음은 결코 가벼울 리가 없었다. 이미 체력도 바닥을 치고 있었으니까. 그나마 힘들게 올랐던 고갯길이 이제는 내리막길이 되어 고맙기까지 했다. 시내에 진입도 못 했는데 벌써 사방은 까맣게 땅거미가 스며들었다. 걱정 어린 표정으로 기다리실 어머니 모습이 머릿속을 짓밟았다. 그 당시야 그런 상황을 알릴 수 있는 전달 방법이 무엇이 있었겠는가. 그저 눈앞에 나타나야만 모든 것이 마무리되는 시대가 아니었던가.

타다, 걷다를 반복하며 거의 실신 상태가 되어 집에 도착한 것은, 저녁때를 한참 넘긴 밤중이었다. 막상 집에 도착했을 때 마주했던 어머니의 눈동자를, 나는 지금도 잊지 못한다. 금방이라도 폭포수처럼 쏟아질 것만 같은 눈물을 삼키고 계셨던 그 모습을. 나는 자전거를 나 몰라라 팽개치고, 땀투성이로 거의 실신 상태가 되어 방바닥에 널브러졌다. 결국 어머니가 지어오신 약을 먹고, 밤새도록 악몽 속에서 땀을 쏟으며 끙끙 앓았다.

다음 날 제정신이 돌아왔을 때, 어머니는 자초지종을 묻지 않으셨다. 그냥, 앞으로는 다른 곳에 가지 말고 곧장 집으로 오라는 당부만 하셨을 따름이다.

오늘 아침엔 물들어 가기 시작하는 호수를 돌며 갑자기 그 옛날이 떠올랐다. 한없이 그립기만 한 어머니의 모습과 함께. 자식을 기다리며 근심했을 그 심정을 돌이켜 보며, 나이 들어서야 철이 난다는 말을 실감하기도 한다.

지금까지도 그렇게 힘들여 올랐던 고갯길을 그려보며, 인생길과도 많이 닮았다는 생각을 해보곤 한다. 고단하기 짝이 없는 인고의 세월이 대부분이지만, 그로 인한 즐거움은 짧은 순간 속에 머물고 말 뿐이라는 느낌을 지울 수가 없기 때문이다. 마치 내리막길이 꿈인 듯 잠깐이면 끝났던 것처럼 말이다.

김훈 작가가 초창기에 발표했던 『자전거 여행』도 떠오른다. 그는 기자 생활을 정리하고, 달랑 자전거 하나만 끌고서 전국 각처를 돌았다. 명승고적을 답사하면서 흘러간 역사를 재조명하고, 자신의 삶도 돌아보며 이를 진솔하게 기록한 글이다.

새삼스럽게 기울어 가는 세월을 지켜보며, 지나온 일상에서 미처 발견하지 못했던 바를 새롭게 찾아내고 새로운 의미를 부여하는 일은, 작지만 소중한 일일 수 있다는 자각이 뒤따른다. 삶이라는 거센 파고를 헤치고 생존하기에 바빴던 지난날 흔적일랑 조금씩 내려놓고, 이삭 줍듯 지나온 발걸음을 가끔 거울처럼 되돌아보아야겠다는 바람이 함께한다.

(2016. 9. 21.)

4

철새 따라 하기

서울의 우울

며칠 전 친구들 모임이 있었다. 때마침 퇴근 시간 무렵이어서 거리 상황이 만만치 않았다. 지하철을 한번 갈아탄 뒤 강남역 6번 출구로 나가려는데, 여기저기 정체가 되어 발걸음을 떼기조차 힘겨웠다. 무심결에 뒤돌아보니 동그란 얼굴들이 가득 차서 마치 연못 속에 개구리 알이 잔뜩 모여 있는 것을 연상하게 한다.

간신히 출구를 빠져나와 거리 위로 나섰는데 아뿔싸, 거리 쪽 상황은 더욱 아찔하다. 오가는 사람들로 길 한 바닥이 마치 장터를 방불케 한다. 시간이 지체되었으니 서두르려고 좌로, 우로 미꾸라지처럼 꿈틀거려 보지만, 이내 거듭되는 저항에 부닥쳐 심신이 금방 지쳐 버리고 만다.

요즘은 특히 '우측통행하기'로 규칙이 변경된 뒤여서, 길바닥은 이전처럼 좌측통행을 무심결에 지키는 무리와 우측통행을 준수하려는 사람들이 합해져서, 아예 '황야의 무법자'들이 되었다. 언제부턴가 남녀노소를 막론하고 이리 받치고, 밟히고, 내몰려도 그저 나 몰라라 하지 않으면 살아가기 어려운 숨 막히는 세상이 되었다.

어찌하여 우리의 수도 서울은 이렇게 힘들고 복잡하기 짝이 없는 세상이 되었는가. 고도의 산업화와 빠른 경제성장을 이룬 표상처럼 하늘을 찌르는 고층 건물이 숲을 이루고, 급증하는 인구에 따라 날로 높아 가는 고층 아파트가 대표적인 주거 환경으로 변모되었다. 사는 이들의 마음을 포근하게 감싸 안는 안락한 분위기와는 사뭇 다른 삭막한 풍경을 연출하기에 이르렀다.

이호철 선생이 『서울은 만원이다』라는 소설을 발표하였던 1966년쯤만 해도, 서울의 인구는 350만 명이 채 되지 않았다. 급속한 도시화의 물결 속에 일찍이 우리가 겪어보지 못한 시대의 아픔이 투영되어 있다. 그 이후 1,000만 명을 돌파한 것이 1990년이었으니까, 불과 25년 안팎의 세월 동안 거대 인구가 집결된 세계적인 대도시가 된 것이다. 그뿐이랴, 인구 밀도라든지 집값, 생필품값 등은 세계 수위권을 다툰다니 그저 놀라울 따름이다. 지구촌 역사에서 일찍이 존재하지 않던 일을 우리는 해내고 말았다.

내가 중학생 시절이었던 1966년 당시, 청주시 인구는 12만 4천여 명으로 도청 소재지치고는 인구 면에서 보잘것없었다. 거리를 나가 보면 만나는 얼굴들이 별로 낯설지가 않을 정도였으니까. 가장 높은 건물이라야 5층짜리가 다였다. 서울과 지방 도시와는 그 당시에도 이미 모든 면에서 현격한 차이를 나타냈었다. 유독 서울만 집중세가 특별하였다.

그즈음에 나는 처음으로 서울 나들이를 하게 되었다. 지금은 아니지만, 서울을 가게 되면 으레 머리를 단정히 깎고 새 옷, 새 신발을 마련하여 채비를 갖추었는데, 그 과정이 그렇게도 숨가쁘고 가슴을 졸이게 했던 기억으로 남아 있다. 그 모양새가 그야말로 촌놈이 행세하여 상경하는 모습 같았다. 집을 나서자마자 만나는 이웃들이, "어-, 너 서울 가는구나, 좋겠다!" 하고 단박에 알아차리곤 했다.

서울에 오면 우선 들르는 곳이 노량진 이모님 댁이었다. 영등포역에서 내릴 때면 마치 별천지에 온 것 같아 주눅이 먼저 들었다. 사육신 묘 건너편, 다소 높은 산등성이에 있던 이모님 댁은 시야가 확 트여 있어, 저녁 무렵에 빛나기 시작하는 네온사인 불빛들이 그렇게 화려하고 환상적일 수 없었다. 군용 비행장이었던 여의도는 크고 작은 비행기들이 수시로 뜨고 내려앉았다. 나는 그 신기한 장면을 놓치지 않으려고 한참씩 바라보곤 했다.

두 살 아래인 이종사촌이 있어서 이른바 서울 구경을 시켜주곤 했는데, 겨울철엔 가까이 있는 국립묘지까지 걸어가 그 안에 꽁꽁 얼어있는 호수에서 스케이트를 배웠다. 오가는 차량도, 인적도 드물었다. 한강 다리 근처에서도 스케이트장이 열려 각종 대회가 개최되는 것을 구경한 적도 있었다.

지금의 창경궁昌慶宮은 일제에 의해 원苑으로 격하되었던 그대로 '창경원'이라고 불렀다. 그곳에 동물원과 식물원이 있어 나 같은 시골뜨기가 반드시 거치는 필수 과정이었다. 창경원 풍경을 제대로 설명할 수 있어야 비로소 서울 나들이를 하고 온 인정을 받을 정도였으니까.

낭만이 가득했던 전차와 버스가 어지럽게 교차하는 거리를 이리저리 걷다 보면, 목과 코안이 싸~ 하고 머리까지 띵~ 하기도 했다. 그때 이미 대도시 매연의 징조는 있었던 모양이다. 정말이지, 사람 살 동네는 아니라고 생각하며 돌아오곤 했었다.

이제 서울은 초만원이다. 한국을 오가는 외국인들은, 방문할 때마다 달라지는 서울의 모습을 보면서 신기루를 보는 것 같다고 했다던가. 유서 깊은 서구의 도시들을 보라. 한참 세월이 지난 후에 다시 가 보아도, 예전 모습 그대로 아름다움을 간직한 채 우리를 추억 속에, 빠져들게 하지 않던가. 무절제한 콘크리트 숲이 드리우는 그늘 속에 우리가 진정 가꾸어 가야만 하는 소중한 가치까지 무너져 가는 것이 아닌지 진정 되돌아봐야 할 일이다.

사람은 자연에서 태어나 그 일부로 존재하며 살아간다. 그것이 깨어질 때 우리는 어떤 대가를 치러야 하는지를, 요즘의 급격한 기상 이변에 따라 세계 곳곳에서 일어나는 재난 현상에서 이미 목격하고 있다.

자연환경이 잘 유지되고 적정한 공간에 어울리는 안전 지대가 마련되어야, 사람이든 동물이든 정서적인 안정이 온다. 사슴들도 우리 안에 숫자가 늘어날수록 싸움이 빈발하고, 심지어 기둥에 제 머리를 들이박는 자해행위까지도 한다고 한다. 하물며 사람은 더 말할 나위가 없을 것이다.

서울은 이내 우울한 잿빛 도시가 되었다. 적어도 내게는 그렇게 다가온다. 사람이 다 사람으로 보이지 않는다. 혼잡한 지하철 안이든, 아스팔트로 잘 정돈된 산책로에서도 되도록 서로의 얼굴을 외면하고 싶어 한다. 사람 냄새가 그립고, 이웃이 내 살처럼 정겹던 시절은 이미 종말을 고하고 말았다.

프랑스의 시인 '보들레르(1821-1867)'는 그가 죽은 지 2년 후에 출판된 자신의 시집 『파리의 우울』을 통해, 대도시의 서글픈 군상들을 노래했다. 그 속에서 시대의 뒷전으로 소외된 채 살아가는 도시인들의 그늘진 삶을 시린 눈으로 바라본다. 이제는 우리가 '서울의 우울'을 노래하게 되는 것일지도 모른다. 군중 속의 고독이 우리의 문제가 된지도 이미 오래다. 문득, 그 소외자 중에 나도 한 자리를 점하고 있는 것 같은 느낌을 지워버리기가 쉽지 않다.

하루하루 지날수록, 나는 질려만 가는 서울로부터 탈출을 꿈꾼다. 어머니 품속처럼 영혼의 안식이 살아 숨 쉬는 순 초록 세상이 마냥 그리워진다.

(『이음새 문학』. 2010.)

친구의 슬픈 노래

가끔 눈여겨보던 텔레비전 프로그램이 있었다. 남모르게 이루어지는 가정 폭력과 아동 학대를 고발하거나, 온전치 못한 사회적 약자들을 위기로부터 구출하는 내용이다. 부모라는 이유로 혹은 목숨을 부지시켜 주는 보호자라는 명분으로 감추고, 이웃의 무관심과 외면 속에 숨겨져 왔다는 것이 그저 놀라울 뿐이다.

자아 정체성이 미처 자리 잡지도 않은 아이들에 대한 학대는 결국 그들을 정신적 질환으로 곪아가게 한다. 마음속에 앙금으로 남아 있는 아픔의 뿌리가 스스로를 벗어나서, 뜻하지 않은 한 순간에 터져 나올 위험성을 늘 지니고 있게 된다.

어릴 적 내 친구가 그랬다. 친구는 내가 초등학교 저학년 시절에 우리 동네로 이사를 왔다. 그 애와 우리 집은 길 하나를 사이에 두고 마주 보고 있었다. 그 집은 조그만 전방廛房을 열었다. 잡화를 진열해 놓고, 철에 따라서 과일이나 야채를 곁들여 파는 조그만 가게였다.

가족으로는 부모님과 남녀 동생이 하나 씩, 그리고 할머니까지 해서 모두 여섯 식구였다. 그 중에 여동생은 배다른 동생이다. 친어머니가 돌아가신 후, 아버지가 재혼해서 얻은 아이라고 했다.

친구 아버지는 하사관 출신의 퇴역 군인이다. 6·25 전쟁 때 혁혁한 무공을 많이 세웠지만, 부상으로 어쩔 수 없이 불명예 제대를 했노라고 그의 아버지는 툭하면 자랑을 했다.

문제의 시작은 바로 그 친구 아버지였다. 어린 딸에 대한 손길과 사랑만이 하늘을 찌를 듯했다. 곱상한 새 부인에게는 사랑이 샘물 솟듯 넘쳐났음은 두말할 나위가 없다. 그와 달리 늙고 병든 노모와 두 아들 녀석들은 개밥의 도토리 신세였다.

이들을 얼마나 험하게 다루는지, 밤은 곧 공포의 시간이다. 군대 내무반에서 일석 점호하듯 두 아이들을 세워놓고 다그치기 시작한다. 기어이 트집을 잡아내서는 엎드려뻗쳐를 시키고 매질을 해댔다. 그러다가 성이 안차면 발길질에 살림살이까지 마구 던져대서 그들의 몸은 성할 날이 없었다. 참다못해 할머니가 나서면, 망령을 부린다고 심하게 밀쳐대니 노인네는 허릿병을 안고 살았다.

한참 난리를 치르고 내 방으로 쫓겨 와서는, 눈에 그렁그렁한 눈물을 매달고 방바닥만 말없이 내려다보던 친구 모습에, 나는 감히 위로의 말조차 생각할 수 없었다. 세상에 그런 부모가 있다는 것이 그저 믿어지지 않을 뿐이었다.

그래도 세월은 바람개비 돌 듯 빠르게 흘렀다. 우리가 고등학생이 되었을 즈음부터 친구 태도에 수상한 조짐이 일기 시작했다. 아버지의 강권에 슬슬 반기를 드는가 싶더니, 손찌검을 하려는 손목도 낚아채서 자신의 힘을 과시하기도 했다.

어느 날 저녁, 결국 부자간에 심한 다툼이 있었다. 그날 이후 친구 모습은 보이지 않았다. 몇 달이 지나서야 발신지가 적혀 있지 않은 편지가 왔다는 소리를 친구의 새엄마한테서 들었다. 서울 마포에서 지내고 있으며, 내게도 안부를 전해 달라는 내용이 있었다고 전해 주었다.

내가 고등학교를 졸업하기 얼마 전 쯤에 갑자기 그 친구가 나타났다. 기름을 발라서 번쩍거리는 올백 머리에 양복을 걸치고 담배도 물며, 그런대로 여유롭고 자신에 차 있는 모습이었다.

마포 시장에서 물건 나르는 일로 시작하여 제법 자리를 잡았노라고 했다. 일단 군복무를 마치고 제대로 한번 일을 해보겠다는 것이었다. 집을 떠나 있으면서 친구는 내가 감히 넘볼 수 없는 숱한 세상 경험을 했음이 피부로 느껴졌다.

그가 온 후, 친구네 집안에는 전에 없던 화평한 분위기가 감도는 듯했다. 그러나 운명이라는 늪은 얼마나 깊고도 집요한가. 그것은 마치 태풍으로 자라나기 전에 소리 없이 싹트고 있는 태풍의 눈과도 같았다.

이제는 이 친구가 술을 마셔대는 것이 문제의 시작이었다. 고된 객지 생활에서 술을 벗 삼아 지냈을 것은 짐작할 만한데, 한번 술을 입에 대면 아예 끝장을 보려고 했다. 흔히 필름이 끊긴다고 말하는 '블랙아웃' 현상이 종종 일어나곤 했다.

한동안 멈춰 섰던 증오의 시계바늘이 다시 움직이기 시작했다. 술에 취했다 하면 가족들을 모두 죽여 버리겠노라고 고래고래 소리를 질러댔다. 한번은 집 뒤에 있는 가풀막진 등성이에다가 바윗덩어리를 줄지어 세워 놓고는, 집 쪽으로 굴리려고 버둥거려서 동네 사람들 가슴을 써늘하게 했다. 이 친구가 겨냥하는 대상은 당연히 아버지였다.

고등학교를 졸업한 나는 몸이 몹시 쇠약해져 시골에서 요양 생활을 해야 했다. 일 년여 동안 몸을 추스른 후에 대입 준비를 위해 서울로 올라왔다.

생활이 바빠도 지나가던 어느 날, 나는 서울에 오신 어머니로부터 청천벽력 같은 소식을 듣게 되었다. 그 친구가 죽었다는 게 아닌가. 요양 중인 내가 너무 큰 충격을 받을까 봐서 알리지 않았다는 말씀이셨다. 바윗덩어리 사건 이후, 내가 집을 떠나고 난 바로 뒤에 끔찍한 사건이 벌어졌다.

그 날도 친구는 혼자서 술을 마셨을 거다. 옆 사람과 사소한 시비는 싸움으로 번지고, 마침내 경찰 백차가 출동하게 되었다고 한다. 몰고 쫓기는 추격전 끝에 포위를 당한 곳이 공교롭게도 주유소였단다. 다급한 김에 기름이 든 드럼통을 넘어뜨리다가 그의 바지며 바닥이 기름으로 흠뻑 젖게 되었다.

다가오면 불을 질러버리겠다며 라이터를 든 채 한참을 대치하던 친구는, 무슨 생각에선가 담배 한대를 꺼내 물더니 무심히 불을 댕기더란다. 주변은 한순간에 아수라장으로 변했다. 외마디를 지르며 구르는 사람을 옷가지로, 심지어는 이불로 감쌌지만 결과는 불 보듯 빤한 것이었다. 목숨만 간댕간댕 붙어 있는 채로 도립병원에 긴급히 보내졌지만, 가망성은 이미 사라진 뒤였다.

다음 날 병원으로 찾아간 내 어머니께, 그 친구는 그렁그렁한 눈물을 보이면서 날개 꺾인 새소리로, "아줌니, 정말 죄송 해유" 라는 말만을 거듭하더란다. 그렇게 이틀을 버티다가 그는 그예 하늘나라로 떠났다. 하반신이 거의 불타 없어진 몸은 화장을 해서 강물에 뿌렸다고 한다.

미움과 증오의 끝은 이런 것인가. 마땅히 누려야 할 사랑을 모두 거부당하고 아린 상처로 점철된 젊음은 이렇게 참극으로 끝나 버렸다. 누가 가해자이고 피해자는 또한 누구인가? 운명의 불길은 결국 양쪽 모두에게 공멸과 그에 따른 무한 보상을 요구하고 말았다.

오랜 세월이 지났어도, 이 사건은 내게 지워지지 않는 저린 기억으로 남아 있다. 화재에 대한 보도나 경련하듯 소리치며 치닫는 불자동차를 보기만 해도, 나는 예외 없이 그 친구를 떠올리게 된다. 친구가 뒷동산에 오를 때마다 즐겨 불렀던 '떠나는 마음'이란 노래도 아련히 귓가에 맴돈다.

"그대 두고 떠나는 내 마음……. 언젠가는 또 다시 만날 날이 있겠지."

그래, 언젠가는 우리 모두 다시 만날 날이 있을 거다. 적어도 그 때는 손과 손을 모두 맞잡고 미처 익히지 못했던 '사랑의 송가頌歌'를 함께 부르게 되길 진정 소망해 본다. (『한국수필』. 2011. 4월호)

마음으로 악수하기

요즘은 서로 만나게 될 때, 너나 할 것 없이 악수로 인사하는 것이 상례이다. 우리 전통 예절로 치자면 무릎을 바닥에 대고 절을 한다든지, 선 채로 허리를 깊게 숙여서 예를 표하는 것이 맞다. 서양 문화가 들어 온 이후, 교류가 국경 없이 이루어지는 현대 사회에서는 악수가 범세계적인 인사법으로 돼버린 듯하다.

우리의 절 문화도 질주하듯이 빨리 달려온 산업화와 더불어 외면되는 듯싶다. 이제는 노년층만이 주로 남아 있는 시골에서 제사를 지내거나, 문중 시제時祭 때, 혹은 장례식장에서 조문하는 경우 등에 제한적으로 이루어진다. 기껏해야 설 명절이 되어서 세배라는 명분으로 잠깐 행해지는 경우가 고작이다. 하기야 바쁜 현대 생활에서 언제 무릎까지 땅에 대고 절을 할 것이며, 허리를 깊게 숙여 시간을 지체할 것인가. 그저 손 한번 마주 잡고 씩 웃으면 그만인 것을.

악수하는 습관은 어떻게 생겨났을까? 악수의 기원에 대해 재미있는 일화가 있다. 선사 시대로 거슬러 올라가면, 모두가 벌거벗고 살던 시대였다. 사냥을 주로 해서 먹을거리를 마련해야 했던 남자들이 숲 속에서 헤매다가 우연히 누군가와 마주치게 되면, 상대방의 부끄러운 부분을 자신의 손으로 가려주던 행위가 인사법으로 발전했다는 것이 그것이다.

중세 때 기사들은 칼을 왼쪽에 차고, 싸움할 때는 오른손으로 뽑아 싸우는 것이 일상적이었다고 한다. 만약 낯선 사람을 만나게 되면 일단 적으로 여기고, 칼에 오른손을 갖다 댄 채 경계를 하면서 다가간다. 이윽고 서로 싸울 의사가 없음을 확인하면, 칼을 잡았던 손을 내밀어 마주 잡던 것에서 비롯되었다고도 한다.

다른 이야기도 있다. 일설에 의하면, 살벌했던 서양의 서부 시대에 총을 가지고 있지 않다는 것을 서로 보여주고 확인하는 차원에서 시작되었다고 한다. 어쨌거나 악수는, 손에 무기를 가지고 있지 않다는 것을 상대방에게 확인시키고, 싸울 뜻이 없음을 나타내는 과정에서 자연스럽게 이루어진 것만큼은 분명해 보인다.

언제부터인가 우리도 악수하는 것이 가장 보편적 인사치레가 되었는데, 상황이나 상대방에 따라서, 또는 손을 잡는 방식에 의해 아주 미묘한 분위기가 연출되는 것을 느낄 수 있다. 단순히 손을 잡는 행위로 끝나는 것이 아니라, 그 순간 서로의 마음과 감정이 고스란히 전달되는 것을 느낄 수 있다는 말이다.

어떤 경우는 손을 깊숙이, 그리고 힘 있게 잡아서 자신감과 반가움이 가득 묻어나는 느낌을 받는다. 반면에, 손가락 부분만 얄게 내주고 잡는 둥 마는 둥 해서, 나에게 대한 열린 마음보다는 경계심이나 꺼리는 구석이 있는 게 아닌가 하는 의구심이 들게도 한다. 어떤 이는 손을 잡고 한참을 흔들어대면서 도통 놔줄 생각을 하지 않아, 마치 그물에 갇힌 새처럼 거북하고 주눅이 드는 때도 있다.

서로 인사를 나눌 때나 화해의 몸짓으로 하는 절차일 때도, 손길로 전해지는 느낌을 통하여 상대방의 마음을 어느 정도 읽어볼 수 있다는 점이 자못 흥미롭다. 이렇게 악수를 하는 것으로 서로의 진솔한 느낌을 함께하는 것이라면 따뜻하게 품어주는 마음으로, 믿고 정을 나누는 기쁨으로 마땅히 이루어져야 하리라.

문제는 악수가 남발되어 불쾌하고 꺼려지는 경우다. 대표적인 것은 정치인들이 하는 겉치레 악수다. 오직 표를 얻기 위해서 눈비음 같은 미소가 넘쳐나고, 코가 땅에 닿을 만큼 허리를 숙이며 손잡기를 구걸한다. 또는 기관의 관리자들이 절차상, 또는 의례적으로 해야만 하는 수많은 악수가 그것이다.

마음이 와 닿지도 않으면서 마치 점을 찍듯 꾹꾹 눌러대는 악수를 당하고 나면, 영 개운치 않고 마뜩잖은 마음마저 든다. 나랏일을 하는 높으신 분들은, 줄지어 늘어서 있는 무리를 빠른 시간 안에 처리하려는 비결이 있다는 말도 들은 적이 있다.

언젠가 직장 재단 산하의 영년 근속자들을 초대하는 축하 모임이 있었다. 축배와 더불어 만찬이 진행되었지만, 간부급 인사들과 마주 앉아 하는 식사가 거북스러울 수밖에 없었다.

식사가 끝나자, 마지막으로 최고 관리자와 상견례를 나누는 시간이 있었다. 한쪽으로 줄지어 가다가 드디어 내 차례가 되었다. 내민 손을 잡자마자 내 손목은 여지없이 꺾여 지면서 몸이 바깥쪽으로 밀쳐지는 것이었다. 마치 궤도를 잘 달리던 열차가 옆으로 덜커덩하고 탈선하는 느낌이 왔다. 잠깐 당황하여 물러서면서 문득 언젠가 들어보았던 '신속 처리용 악수'라는 것이 떠올랐다. 많은 사람을, 그것도 짧은 시간에 최소화할 수 있는 인사 방법이었다.

'아하, 이게 바로 그것이로구나. 서로 바라보면서 잠깐의 미소라도 지어볼 수 있는 여유조차 허락되지 않다니!' 나는 갑자기 바닷가에 수없이 널려 있는 조약돌 가운데 이리저리 굴러다니는 못난이 돌멩이가 되었다.

그 귀한 손을 잡아 본 것만으로도 큰 영광이라 여기라고 세상은 말할는지 모른다. 힘 있는 사람 손 한번 못 잡아서 안달하는 사람이 어디 한둘일까마는. 그 주변에 머물며 기념 사진 하나 박기 위해 애쓰는 사람들 또한 적지 않으리라. 종종 실력자와 악수하는 대형 사진을 걸어놓고, 자신의 신분과 지위를 광내려는 인사들이 줄을 선다는 말도 들린다.

예로부터 마음을 얻어야 천하를 얻는다고 했다. 신뢰를 얻는 가장 기본적인 태도는 겸손하게 사람을 대하고, 상대방을 귀하게 여기는 일이리라. 더불어 무미건조하고 권위적으로 이루어지는 인사치레라면 차라리 안 하느니만 못하다는 생각이다. 오히려 정감이 느껴지는 따뜻한 말로 사람의 마음을 얻는 것이 그나마 나은 선택이 될 수 있으리라.

"너도 그 처지가 돼 봐라. 네가 그런 자리에 서 있어 보질 않아서 그래."

세상은 또 그렇게 말할는지 모른다. 그렇지만 분명한 것은, 사람들이 서로 어우러져 살아가는 사회에서 가장 소중한 가치는, 마음으로 오가는 돈독한 신뢰이지 어쭙잖은 권위가 아니라는 점일 거다. 오히려 진정한 권위란, 상대방의 믿음을 듬뿍 받으며 스스럼없이 다가가려는 꾸밈없는 모습 속에 깃드는 것이리라. (『이음새 문학』. 2011.)

우리를 슬프게 하는 것들

세계 역사의 흐름을 더듬다 보면, 사람이 사람을 핍박했던 경우가 허다하다. 원시 시대에는 생존을 위한 먹이 다툼이 있었다지만, 지식과 경험을 축적하고 일정한 사회와 문화를 구축하면서는, 영토 확장 욕구나 정치, 종교적인 독단 또는 사상과 이념의 갈림 등으로 수많은 갈등과 적대 행위가 빚어졌다.

근현대에 이르는 시대 상황도 별반 다르지 않다. 고도의 지식이나 과학이 눈부시게 확장 발전하는 과정에서, 오히려 갈등은 더욱 다양하고 첨예하게 대립한다. 소수의 권력자는 자신들이 가진 이념을 실현하기 위해서, 공동의 목적을 지향하는 집단들은 그들이 추구하는 정당성을 확보한다는 이유로 상대적 약자에게 씻을 수 없는 범죄를 저지르기도 한다. 검증되지 않은 맹신에 빠져 서로의 입장을 인정하지 못하고, 오직 나와 다르다는 이유만으로 다수의 선량한 사람들을 참혹한 어둠의 구렁텅이로 몰아넣는 일이 다반사였다.

2차 세계대전 때 나치즘에 빠져 있던 독일이 유대인들에게 행했던 박해는, 맹신적인 집단주의가 보여준 대표적인 사례이다. 그들은 유대인들을 닥치는 대로 체포하고 죽음의 수용소로 보냈다. 누구나 『안네 프랑크의 일기』를 통해서 심장이 멎을 듯한 그 당시의 공포를 숨죽이며 느껴보았을 것이다. 히틀러가 멸망할 때까지, 유럽에 살고 있던 약 1,100만 명의 유대인들 가운데 절반이 넘는 600만여 명이 학살되는 어두운 역사가 기록되고 말았다.

최고의 과학 문명과 세계 경제를 주도하고 있는 미국 또한 다르지 않다. 미국인들의 조상이 미 대륙에 발을 디디고, 신대륙을 건설한다는 구실로 저지른 죄과는 어떠한가. 적게는 4천만에서 많게는 8천만에 이르는 인디언들이 백인들에 의해 무차별적으로 학살당한 것으로 알려져 있다.

1970년대쯤에 보았던 '솔져 블루(Soldier Blue)'란 영화가 생각난다. 실화를 바탕으로 했다는 이 영화에서, 도주하는 인디언을 기병대가 학살하는 참으로 끔찍한 장면이 나온다. 특히나 총은 사용하지도 않고 끝에 낫을 매단 기다란 도구를 휘두르며, 도망치는 어린아이들의 목을 치는 장면에서는 차마 눈을 감을 수밖에 없었다. 사고와 이성을 가졌다는 인간 존재에 대해 절망했던 기억이 지금도 남아 있다.

현재는 약 50만 명의 인디언들만이 인디언 보호 구역이라는 제한된 공간에서, 자신들의 역사를 잊은 채 무기력한 삶을 살아가고 있다. 인간의 이기적인 의식이나 탐욕이 어느 한쪽으로 치우칠 때 일어날 수 있는 엄청난 죄악을 우리는 목격한 셈이다.

'툴 슬랭(Toul Sleng) 대량 학살 박물관.'

올 초에 내가 방문했던 캄보디아의 수도 프놈펜 시내에 있는 슬픈 역사를 간직한 박물관이다. 폴 포트(Pol Pot)가 정권을 잡았던 1975년부터 1979년까지 크메르루주가 S-21(Security office-21)로 칭하던 구금 시설로, 악명 높은 고문이 자행된 곳이다. 원래는 '툴 슬랭 프레이(Toul Sleng Prey)'라는 이름으로 부르던 여자고등학교였단다. 그 뜻이 '행복한 나무'라는 말을 듣고 나는 아연할 수밖에 없었다.

약 20,000여 명이 이곳에서 크메르루주가 붕괴할 무렵까지 3년 9개월 동안, 짐승만도 못하게 잔혹한 고문에 시달리다가 오직 7명만이 살아남은 곳이다. 현재는 1명만이 생존해 당시의 참혹했던 실상을 증언해 주고 있다고 한다.

캄보디아를 방문하면서 나는 그저, 수년 전에 파송되어 선교 활동을 하는 동생 내외와 만나는 기쁨에 들떠 있었다. 또한, 한 번쯤은 꼭 봐야 한다는 앙크로와트를 내심 기대하고 있었다. 그러나 동생 부부와 한 팀이 되어 공동 사역을 하고 있는 S 선교사는 우리를 맨 먼저 이곳으로 안내하였다. 그분은 가족과 함께 이곳에 온 지 20년이 가까워 현지인이나 다름이 없었는데, 이 땅에 자신의 뼈를 묻겠다고 했다.

건물 안으로 발을 들여놓자, 음습한 실내 공기가 온몸을 움츠리게 한다. 작은 방으로 칸칸이 나뉘어 있는 좁은 공간에는, 고문을 받던 낡은 철제 침대가 놓여 있다. 몸들을 묶었던 쇠사슬은 녹이 슨 채, 천장과 벽에 남아 있는 혈흔과 더불어 지난 세월이 간직한 아픔을 보여주고 있었다.

주변에는, 고문할 때 사용했던 도구와 찌그러진 밥그릇, 변기 대용으로 쓰인 탄약통 등이 덩그마니 놓여 있다. 옆방으로 이동하니, 고문을 하거나 처형하기 전에 찍어 놓은 수많은 얼굴이 모자이크처럼 빼곡히 들어차 있다. 그들이 입었던 옷가지들은, 마치 폐품을 모아 놓은 듯 진열대 안에 구겨져 담겨 있다. 한쪽 벽에는, 처형당한 사람들의 두개골을 가지런히 모아 놓고 찍은 사진들로 가득하여, 충격 속에서도 숙연함을 일으킨다.

그곳을 관리하던 수장이 임무 수행에 따른 보고를 위하여 꼼꼼히 기록하였다는데, 지금은 오히려 진실을 밝혀주는 소중한 자료가 되고 있다는 것이 아이러니하다.

4년여에 걸쳐, 당시 캄보디아 인구의 1/4에 해당하는 200만여 명이 죽음의 들판에 묻혔다. 총알이 아깝다고 낫과 곡괭이로 찍고, 칼로 목을 베며, 교수형에 처하였을 뿐만 아니라, 집단 생매장까지 자행했음은 위령탑에 가지런히 안장된 유골을 보면 알 수 있다고 한다.

지워지지 않는 그림이 하나 있다. 이름하여 '킬링 트리',

연약한 여자나 어린아이들 머리를 그것에다 내리쳐서 살해하는 데 썼던 나무이다. 심지어, 젖먹이들을 어미에게서 억지로 빼앗아 공중에 내던지고 사격 연습을 하는 그림 앞에서는, 발걸음마저 얼어붙었다. 오래전에 '킬링 필드'라는 영화에서 보았던 잔혹하기 그지없는 장면들이 거의 실제에 가까운 사실이었음을 돌이켜보며, 저린 한숨이 절로 나왔다.

크메르루주가 내세운 학살 명분은, 앞선 론놀 정권에 협력했던 군인이나 공무원을 비롯하여 그들의 가족은 물론, 언론인, 지식인, 외국인과

부유층을 처단하는 것이었다고 한다.

그들이 추구한 최우선 과제는, 캄보디아 사회를 외부 세계에 오염되지 않은 토착 농민들로 구성한다는 것이었다. 모든 노동은 기계 사용을 완전히 배격하고 오직 인력을 통해서만 이루어져야 한다고 믿었다.

폴 포트는 파리에 유학하던 중, 1951년에 프랑스 공산당에 가입하면서 캄보디아를 통치할 크메르루주의 이념적 토대를 얻는다. 그것은 마르크스주의라기보다는 당시 프랑스 공산당의 공식 이념인 스탈린주의였다. 그는 새로운 캄보디아를 건설할 기반으로 농업을 중요시했고, 외부의 원조에 의지하기보다는 국내 자원을 이용하는 자급자족적인 경제 정책을 계획했다.

지적이나 정신적인 가치를 멀리하고, 욕심을 유발하는 사유 재산을 모두 없애야만 인민이 평등해진다는 빗나간 신념으로, 모든 국민을 집단 농장으로 내몰았다.

길 가던 사람을 잡고, 노동의 흔적이 없는 고운 손을 가졌거나 안경을 쓴 사람은 지식인으로 판단하여 무차별적으로 감금, 처형했다는 설명을 들으며, 무수한 사진 속의 얼굴을 바라보았다. 겁에 질리고 절망과 체념으로 얼룩진 눈망울에서, 되돌릴 수 없는 아린 역사의 뒤안길을 보는 듯했다.

쫓기듯 건물을 나오면서 불현듯 나는 '안톤 쉬낙(Anton Schnack)'의 '우리를 슬프게 하는 것들'이 떠올랐다. 마지막 부분쯤에 있던 '철창 안으로 보이는 죄수의 창백한 얼굴'이 생각났기 때문이다. 방금 본 사진 속의 얼굴들이 절망뿐인 철창을 통해 나를 응시하는 으스스한 느낌을 받으며,

천근처럼 무거운 발걸음을 옮길 수밖에 없었다.

왜곡된 역사의 폐해는 남겨진 자들에게도 고스란히 전가된다. 지식인들을 무차별적으로 살상한 대가로, 국가와 국민이 지향해야 할 소중한 정신 문화와 사상, 가치가 일순간에 단절되고, 사회 전반에 심각한 정체 현상을 가져왔다.

극한의 공포 속에서 살아남으려는 방편으로 말을 삼가던 버릇에 길들어져서인지, 슬픈 일, 기쁜 일, 감사한 일에도 걸맞은 자기 표현을 제대로 못한다고 했다. 뒷걸음질하듯 얼버무리고 마는 그들의 모습에서 한없는 연민을 느낀다는 S 선교사의 말에, 가슴으로부터 짠해지는 무언의 울림이 있었다.

젊은이들은 고통스러운 기억에서 벗어나려는 듯 마약에 쉽게 손을 뻗치고, 강도와 절도가 넘쳐나며, 성적으로도 몹시 문란하여 이 사회의 어두운 그림자가 되고 있단다.

그런 그들의 상처를 보듬기 위해 여기에 남기로 했다는 그분의 말을 들으며, 진정한 사랑이 지니는 숭고한 의미를 되새겨보는 기회가 되었다.

'툴 슬랭'을 방문한 날, 나는 악몽에 시달리며 거의 잠을 이룰 수가 없었다. 이 통한의 역사 앞에 나 스스로 인간임이 한없는 부끄러움으로 다가왔기 때문이다.

소수의 이념적 독단에서 비롯된 죄악으로 한 나라의 1/4이 무차별적으로 학살당했다. 이 씻을 수 없는 죄악에서 우리를 자유롭게 하고 진정한 인간애로 회복할 수 있는 길은 정녕 없는 것일까.

선홍빛 낙조가 수놓은 그늘 속으로 말없이 잠들어 가는 거대한 앙크로와트의 유적을 바라보며, 이 나라 이 민족에게 다시 한 번 옛날의 영화로운 그 날이 돌아올 수 있게 되길 마음속 깊이 기대해 본다.

(문예운동. 2014. 겨울호)

철새 따라 하기

세상을 살다 보면 갖가지 일을 겪게 된다. 어떤 경우는 너무 진실이어서 가슴이 아프고, 때론 허무맹랑한 거짓이어서 슬퍼지기도 한다.

우리가 함께 살아가는 삶의 현장은 다양한 성향을 가진 사람들이 모인 공동체이다. 싫든 좋든 함께할 수밖에 없는 과정 가운데에는, 세월의 흐름을 따라 크고 작은 갈등이나 기쁨, 나눔이 교차할 수밖에 없다.

요즘처럼 내 주변이 이렇게 소용돌이치는 것을 그동안 본 적이 없다. 수년 전부터 움터온 이상현상은, 돌이켜보면 인사 문제에서 야기된 바가 크다. 인사가 곧 만사라고 하지 않았던가.

몇 해 전에 석연찮은 인사가 있었다. 누가 보아도 순리에 맞고 수긍이 가는 사람이 아니라, 여러모로 의문이 제기되던 인물이 임명된 것이다. 한

직장에 오랜 세월 근무하다 보면, 자연스럽게 검증되고 구성원들로부터 묵시적으로 지지받는 누군가가 있게 마련이다. 그런 인물이 등용됨으로써 그 조직은 건강하게 내부의 질서가 자리 잡혀가고, 애써 노력하며 신뢰를 얻는 자에게 그 결실은 온다는 믿음이 생기게 된다. 그러나 뜻밖에도 그런 상식적인 기대가 반전되어 나타났다. 언젠가 유행했던 노래 가사처럼 '임자가 따로 있나, 앉으면 그만이지'가 되었다.

세상 역사는 기대한 바대로 흘러가지만은 않는 것일까. 이러한 역전(?)이 있으므로 해서 인생을 살아가는 또 다른 묘미가 있다고 손뼉을 칠 수 있을까.

문제는 심각한 그 후유증이다. 소위, 꿰어찬 자는 승리를 구가하며 그 동안 드러난 허물은 다 던져 버린다. 그를 추종하던 그룹에는 음으로 양으로 시혜를 베푼다. 위인설관爲人設官이란 말이 떠오른다. 허구한 날, 늦은 시간까지 우직하게 자리를 지키며 내일을 준비하던 우리의 주인공은 어떠한가. 자신에 대한 지워지지 않는 질책과 견딜 수 없는 자괴감만 커지는 어둠의 언저리에서 불면으로 지새며, 노루잠을 자다가도 벌떡벌떡 깬다고 했다.

옆에서 지켜보는 처지에도 가슴이 오그라들고 답답한 터에, 당사자야 더 말할 나위가 있겠는가. 더욱이 숨 막히는 일은, 그 칼자루를 쥔 채 그늘 속에서 익혀 온 노하우로 그 다음까지 입맛대로 간여하며 대물림하는 악습의 고리가 연속된다는 데에 있다.

이런 불미스러운 인사가 수년 사이 몇 차례에 걸쳐 있었다. 당시부터 추측성 소문이 무성했지만, 시간이 지나면서 그러한 정실 인사가 소위 보이지 않는 손과 은밀한 거래로 이루어졌다는 사실이, 당사자의 시인이나 인사 기관 주변을 통해 간간이 흘러나왔다.

당혹스런 인사에 대해 울분을 토하고 캄캄한 앞날을 걱정하며 술잔을 기울이던 사람들은, 차츰 냉소주의에 빠져들었다. 성실하게 최선을 다하며 조직을 위해 봉사한들 무슨 의미가 있느냐는 것이다.

그러나, 한두 해가 지나자 기막힌 현상이 돌출하기 시작했다. 숨을 죽이고 있던 사람들이, 그토록 비판해 마지않던 힘 가진 쪽으로 줄을 대는 현상이 감지되기 시작한 것이다. 굳이 어렵게 애쓰지 않아도 때만 잘 포착하고 보이지 않는 손에 의지한다면, 내게도 기회가 올 수 있다는 잘못된 인식이 팽대하기 시작한 것이다.

서로가 견제하고 의심하며, 그룹으로 연대하여 세를 키워가는 일들이 비밀스럽게 일어났다. 힘이 느껴지는 쪽에 서성거리는 인사들이 늘어가기 시작했다. 적어도, 피해를 보지 않고 살아가려면 유력한 누군가에게 의지해, 사전 보험이라도 들어 놓아야 한다는 빗나간 삶의 방정식이 자라나게 되었다.

어제의 동지가 오늘은 적이 되기도 하고, 그 반대 경우도 허다한 것이 정치의 세계라고 했던가. 간과 쓸개를 다 꺼내놓고 산다지 않던가. 원래 인간은 이기적인 존재라 했다. 내 단맛을 위해서는 남의 아픔쯤은 질끈 눈 감아 버리는 존재다. 그렇지만, 공정하지 않은 게임으로 깊은 상흔을 안고 살아가야 하는 슬픈 눈망울이 있음을 어찌해야 하는가.

이득과 힘을 좇아 이리저리 옮겨 다니는 이들을, 우리는 흔히 철새에 비유해 손가락질하곤 한다. 그러나 철새의 세계에는, 우리가 미처 알지 못했던 참으로 놀랍고도 아름다운 상생의 비밀이 숨겨져 있다.

철새의 장거리 여행에 관한 흥미로운 기사(동아일보. 2001. 10. 23.)가 있었다. 세계적으로 유명한 영국의 '네이처' 지에 발표된 두 편의 논문을 소개하는 내용이다.

스웨덴 룬트대학의 안데르스 크비시트 교수 연구팀이 발표한 바에 의하면, 시베리아에서 아프리카까지 4,000km에 이르는 거리를 이동하는 붉은가슴도요새는, 장거리 여행을 위해 몸무게를 거의 두 배로 늘린다는 것이다. 무거울수록 에너지의 효율이 높다는 것을 밝혀낸 것이다.

프랑스 국립과학연구소 앙리 위메리스커크 박사 연구팀은, V자 대형을 유지하며 날고 있는 펠리컨들이 날갯짓을 덜 하고 심장 박동 수도 낮다는 사실을 알아냈다. 이렇게 V자를 형성하고 서로 협동하며 날아가는 철새들은, 홀로 날아가는 철새들에 비해 11~14%의 에너지를 덜 소비하는 것으로 나타났다는 것이다.

송정림 저 『상식지존 뇌를 깨워라』에서도 유관한 사례를 소개하고 있다. 조류학자들에 의하면, V자로 날아가는 기러기는, 앞선 친구가 날개를 칠 때마다 뒤따르는 동료들을 위한 상승 기류가 만들어진다고 한다. 이렇게 함으로 혼자 날아가는 것보다 약 71%를 더 멀리 날 수가 있다고 한다.

만일 선두에 선 기러기가 지치게 되면 스스로 뒤로 물러서고, 그 뒤를 따르던 기러기들이 앞으로 나와 대형과 진행 속도를 계속 유지해 간다고 한다. 그들이 함께 날아가며 계속 서로를 부르는데, 이는 앞서거나 뒤처진 친구들을 격려하며, 전체적인 보조를 맞춰 일정한 속도를 유지하기 위함이라는 것이다.

더욱 놀라운 일은, 동료가 아프거나 다쳐 대열에서 이탈하게 되면, 다른 두 마리가 대열에서 벗어나 함께 낙하한 후, 일정 기간 머물며 그를 돕고 보호한다는 것이다.

우리는 철새들의 모습에도 훨씬 못 미치는 삶을 사는 것은 아닐까. 부끄럼 없이 몰염치하게 남의 그릇을 탐하며, 그것도 모자라 수단과 방법을 가리지 않고 서로 존중해 가야 할 질서를 무너뜨린다. 그러면서 인생이란 다 그런 것이라고 강변할 수 있을까. 사람 사는 세상의 이면은 이렇게 이기적이며 음습한 탐욕이 드리워 있다.

이런 일을 겪고 난 뒤부터 나는 부쩍, 기록된 역사에 대해서 회의하는 경향이 생겼다. 그 과정이나 눈물겨운 진실에 관한 기록은 가려진 채, 그저 승리자를 위한 전승물처럼 적어간 역사가, 이면에 얼마나 많은 오류를 담고 있을까 하는 의구심을 지울 수 없기 때문이다.

주변의 현실을 보며 한동안 절망하기도 했지만, 그래도 나는 우리네 삶 속에 보이지 않게 작용하는 손길이 있어, 올곧은 정화 작용이 이루어지리라고 믿는다.

먼 길을 가기 위한 준비로 두 배의 몸무게를 갖추려는 철새의 지혜처럼, 그렇게 진솔한 노력으로 내면을 살찌워가고, 그들의 날갯짓처럼 함께 나누는 삶을 살 수는 정녕 없는 것일까. 남을 배려하고 누군가의 아픔을 외면하지 아니하며, 손잡고 동행하는 인생이 한층 더 성숙하고 승화된 길은 아닐까.

오욕의 잔꾀로 얻은 허울보다는, 내 손 안에 가득 담아 볼 들꽃의 향기가 더 아름다울 수 있다는 믿음을 가꾸어 가도록 하자. 얻는 만큼 잃는 것이 있듯이, 잃은 만큼 얻는 것도 반드시 있다는 평범한 진실을 가슴에 담아두고 말이다. (『이음새 문학』. 2010.)

있는 것과 없는 것

검게 죽어 있던 대지가 숨을 쉰다. 다시는 깨어날 것 같지 않던 산하가, 한겨울 된바람을 견디고 기지개를 켜며 잠을 쫓는다. 헐벗은 몸으로 윙윙대며 찬바람을 이기던 나뭇가지에 서서히 호흡의 기운이 감돈다. 자연의 철리哲理는 이렇게 소리 없이 다가와, 한 치의 게으름 없이 제때를 준비한다.

찬란하게 생명을 잉태한 봄이 깨어나길 얼마나 많은 사람이 손꼽아 기다릴런가. 잿빛 우울과 칼바람 도는 한기 속에 몸을 숨기고, 향기로운 꽃소식을 기다리는 이들의 가슴 졸임이 내게도 전해온다.

그토록 설레며 기다리던 계절이, 내게는 끝없이 멀게만 느껴지니 이 무슨 까닭인가. 새로운 기록을 남겼다는 이번 겨울 적설량과, 이어진 강추위

만큼이나 내 마음을 가로막은 빙벽은 한층 더 높아졌다. 몇 해 전에 있었던 아린 기억이 또 되풀이되었기 때문이리라.

밖으로 돌던 요란한 소문과는 달리 최종 진급 심사에서 나는 또 밀렸다. 그 자리는 내 몫이 아니었다. 꼭 '나'여야 한다고 고집스럽게 생각한 적은 없다. 그저 있는 그대로의 모습으로, 편견 없는 세상의 눈으로 인식되길 바랐다.

세상을 살다 보면, 가지지 못해 서러웠던 기억이 있게 마련이다. 돈이 없어서, 힘이 없어서, 또는 배경이 없어서 무너졌던 한 많은 슬픔이 즐비할 것이다. 어지간한 설움이야 부지런한 노력으로 벗어나 볼 수도 있지만, 배경이 없어서라든지 신분의 한계 때문에 당하는 어려움이라면, 노력한다고 해서 쉽게 극복할 수 없는 경우가 허다하다. 그래서 더 큰 좌절과 고통이 따른다.

우리 사회, 아니 인간 사회에는 눈에 쉽게 드러나지는 않지만, 독버섯처럼 그늘에서 피어나는 숱한 병리 현상들이 있다. 심증만 있고 물증이 없다는 논리로 가려지고 숨겨지기 일쑤지만, 세월의 흐름 속에 혹은 용기 있는 자의 양심 선언으로 숨겨진 진실이 밝혀지기도 한다.

입으로 열심히 평등을 부르짖지만, 그 핑계 아래 섣불리 빠져나올 수 없는 불평등한 늪이 존재한다. 열광적으로 정의를 말하지만, 그것은 그저 힘 있는 자의 여유로운 사치로 비치는 경우도 적지 않다. 동등해야 할 너와 나의 관계가 왜곡되다 보면, 결국 우리네 삶도 그늘이 진다. 종국에는 우리가 살아가는 인간세의 가치가 혼돈 속에 빠져서, 탈법과 부정이 상식과 순리를 몰아내는 이른바 '악화가 양화를 구축'하는 모양새가 된다.

제정신을 곱 차리고 살아도 쉽지 않은 세상사 가운데, 까닭도 모른 채 서러움을 당하는 일이 어디 한둘일까. 하지만 그것이 자신에게까지 물방울이 튀기지 않는 먼발치의 이야기라면 모르되, 당사자의 일로 차오를 때는 차마 감당하기 어려운 부대낌이 자리한다. 남이 겪는 일이라면, "세상 다 그런 거지 뭐" 하면서 짐짓 대수롭지 않은 듯 여유를 보이다가도, 막상 내 일이 되어 눈앞에 나타나면 세상이 온통 깜깜해지는 것을 느끼게 된다.

비슷한 상황과 여건 속에서 똑같은 결과가 되풀이될 때는, 마음의 상처를 넘어 부아가 치미는 것을 억제하기가 쉽지 않다. 세상을 잘못 살아도 한참 잘못 살아온 것 같은 자괴감마저 드는 것도 사실이다.

그 사회가 얼마나 건전하고 건강한지를 판단하는 것은 그리 어려운 일이 아니다. 서로가 믿고 따르는 보편적인 상식이 제대로 지켜지는가가 그 가늠이 될 터이니.

그 간의 삶 가운데 내게도 몇 차례 좌절이 있었다. 대학원에서 학위를 마친 후, 모교와 몇몇 대학에 임용 원서를 제출하고 나름의 꿈을 찾으려고 노력을 했다. 몇 군데를 다니다 보니, 익숙한 얼굴들이 늘 단체 관광객처럼 맴도는 것을 보고 충격을 받기도 했었다.

임용 과정에 참가하면서 자꾸 엇나가는 느낌을 받았다. 이런저런 주변의 말도 돌았다. 어떤 경우에는 아예 지원할 수 없도록 차단막이 쳐지기도 했다. 그저 스스로 뛰어나서 그 뜻을 이루었다는 경우보다도, 늘 이렇게 연결되고 저렇게 손을 써서 결정되었다는 소문만이 무성했다. 구체적인 방법론에 대해 어쭙잖은 정보도 곁들여졌다. 우리가 바라는 상식과는 달리, 그 비밀스러운 열쇠를 찾는 것에 골몰하는 경향이었다. 비로소 어렴풋이 깨달음이 왔다. 가자 해도 갈 수 없는 길이 있음을, 내가 머물기에는 너무 버겁게 느껴지는 세상이 존재함을.

일상의 삶에도 이런 모습들이 낯설지만은 않다. 어려운 일을 만나 힘겨워하면서, "집안이 잘되려면 적어도 그 집안에 법관도 있어야 하고, 경찰, 변호사, 의사, 정치인, 사장 정도는 하나씩 있어야 해"라는 푸념의 소리도 들린다. 노력한다고 해서 이루어지지 않는 복병들이 하도 많은 세상이기 때문이리라.

무엇이 우리를 주눅 들게 하고 슬프게 하는가. 건전한 상식에 근거한 공정한 판단이 이루어지지 않을 때이다. 나와 관계가 없으면 슬그머니 눈을 감아주는 방치된 양식이 우리의 서글픈 자화상이다.

막상 눈앞에 황금 들판이 나타나면, 그동안 쌓아온 명분과 꼿꼿한 자존심은 미련 없이 벗어 던지고, 몸담아 왔던 세상과는 등을 돌린다. 내 성취를 위해서는, 수단과 방법을 가리지 않는 저열한 이기심의 뿌리가 우리 속에 자리 잡고 있음이다.

올봄을 새록새록 자라나는 꿈처럼 나는 희망으로 맞이하지 못했다. 내가 겪은 좌절을 즐기듯이 곁눈질하는 군상들을 보며, 힘없이 떨어져 누운 꽃잎 같은 허무를 느낀다. 영화榮華가 영원할 수 없다는 세상의 진리도 생각해 본다. 어찌하겠는가, 내가 스스로 결정한 일이 아닌 것을. 무엇을 탓하겠는가, 인간 세상의 일그러진 속성인 것을.

어둠을 걷자. 그리고 걸어가자. 가지지 못한 서러움으로 나를 버릴 수야 없지 않은가. 내가 가진 것만을 소중히 여기고 감사하면서 살자. 끝없는 절망과 나락 속에서도, 얼마나 많은 사람이 인간 승리의 노래를 불렀는지 기억하자.

연초록의 순연한 생명이 돋아나는 나뭇가지마다 내일의 풍성한 초록꿈이 자라난다. 남이 가진 것이 내게는 없음을 한탄하는 마음보다, 내가 누리는 것만으로도 행복을 만들어 가는 내 안의 삶으로 조용히 걸어가야겠다.

(『이음새 문학』. 2011.)

토니오 크뢰거에 대한 추억

세월은 흘러도 가슴 속에 깊이 새겨져 있어, 잊히지 않는 책이 누구에게나 한두 권쯤은 있기 마련이다. 그 감흥은 살면서 주어진 상황에 따라 꿈결처럼 나타나기도 한다. 또한, 시간의 유전 가운데 비석에 새겨진 비문처럼 남아 있어, 평생 지워지지 않는 기록이 되기도 한다. 물론 나도 마찬가지다.

우선은 고등학교 시절에 읽었던 『카라마조프가의 형제들』이다. '도스토옙스키'가 쓴 소설들은 대부분 엄청난 분량을 자랑하는데, 이 소설 또한 두 권의 책으로 번역 출판될 만큼 방대하다.

보통 도스토옙스키라 하면 『죄와 벌』을 떠올리기에 십상이지만, 내 생각으로는 단연 『카라마조프가의 형제들』이 그의 대표작일 뿐만 아니라, 내가 대했던 어떤 소설보다도 위대한 작품이라는

데 의심하지 않는다. 인간 내면에 스멀거리고 있는 선과 악의 갈등, 애증의 문제, 나아가 등장인물의 인생 전반에 드리워지는 사건 투영이 마치 성경에서나 나타남직한 거대 파노라마로 느껴지기도 한다.

그 시절에 발견하게 된 또 다른 소설이 '토마스 만'의 『토니오 크뢰거』란 작품이다. 독일에서는 대문호 '괴테' 이후 가장 독일적인 작가로 칭송을 받는 사람이 토마스 만이다. 사실 이 작품보다도 먼저 읽었던 것은 그레고리우스의 신화를 바탕으로 한 『선택된 인간』이었다.

나는 그 작품에 깊이 감동하고 토마스 만에 대한 관심을 두게 되었으며, 그가 쓴 다른 작품들을 찾아 읽기 시작했다. 그 과정에서 만나게 된 것이 바로 『토니오 크뢰거』이다.

너무나도 놀랍고 경이로운 발견이었다. 청소년 시절, 숨죽이며 자신에게 수없이 질문을 던지고 갈등했던 모습이 그 안에 고스란히 묘사되고 있었다. 현실에 좀처럼 다가서지 못하는 괴리를 겪으며, 끊임없이 찾고자 했던 정신적인 태반이 가쁘게 숨 쉬고 있었다. 정신이 번쩍 들 만큼 큰 충격과 더불어 벅찬 감동을 하였다. 내 마음 속에서 외치고 싶었던 말들이 주인공 토니오 크뢰거의 입을 통하여 되풀이되고 있었다.

『토니오 크뢰거』에서는 삶과 정신, 예술가와 시민이라는 상반된 삶의 도정에서 방황하고 있는 예술가의 고뇌가 심도 있게 그려진다. 다시 말해, 예술가적으로 섬세한 기질을 가진 사람이, 일반 소시민들의 삶으로 표방되는 현실 세계와 대립하고 있다. 두 개의 상반된 무대 사이에서, 어느 한쪽에 속하지 못한 채 방황하고 있는 예술가의 슬픈 자화상이 묘사된다.

어린 토니오 크뢰거는 섬세한 감수성으로 주변 친구들을 자기 방식대로 사랑하지만, 그 방법은 늘 실패하게 된다. 친구들은 그의 세계를 이해하지 못하는 그저 밝고 평범한 시민들일 따름이다. 이런 체험을 통하여, "가장 사랑하는 사람은 패배자요, 고뇌를 겪지 않을 수 없다"는 아린 경험을 어린 영혼은 이미 소싯적부터 받아들이고 있다.

이렇듯 쉽게 다른 사람과 친화하지 못하고, 보통 사람들이 누리는 건강한 시민적인 삶으로 접근하지 못하는 자신을 점차 숙명적인 고독한 존재로 느낀다. 그러면서도 자신을 받아주지 못하는 그들에 대하여, 사랑의 끈을 결코 놓을 수도 없는 것 또한 스스로에게 주어진 운명임을 토로하고 있다.

작가로서 명성을 얻게 된 토니오 크뢰거는, 지난날을 추억하며 북쪽 나라 덴마크를 방문하게 된다. 공교롭게도 그가 묵고 있는 호텔에서 획기적인 사건과 맞닥뜨리게 된다. 그가 그토록 지난날 사랑했던 친구 '한스 한젠'과 마음 졸이던 여인 '잉에보르크 홀름'을 춤 파티에서 목격한 것이다. 부부가 되어서 춤을 추고 있는 그들을 바라보며, 토니오 크뢰거는 끝없는 회한과 더불어 아직도 그들에 대한 사랑이 변치 않고 있음을 깨닫고는, 어둠에 몸을 숨긴 채 가슴에 쌓여 있던 눈물을 하염없이 흘리고 만다. 이렇게 '가장 사랑하는 사람은 패배자요, 고뇌를 겪지 않을 수 없는 것'이 그의 숙명적인 예술가 기질인 셈이다.

방으로 돌아온 토니오 크뢰거는 영혼을 공유하는 미술가 친구, '리자베타'에게 마침내 다음과 같은 고백적인 편지를 보내게 된다. "나는 지금 두 개의 세계 사이에 서 있습니다……." 라고.

자신이 받아들여지지 않는 소시민의 세계를 떠나, 고독한 길을 걸으며 작가로서 성공을 이루는 정신적인 열매를 얻지만, 더불어 그의 세계를 이해하지 못하는 평범한 시민들의 삶 또한 여전히 외면할 수 없는 사랑의 대상임을 되새기고 있다.

내 젊은 날의 고뇌도 토니오 크뢰거와 크게 다르지 않았다. 정신적 가치에 대한 일방적인 욕구가 들끓고 있어서, 눈앞에 보이는 현실은 전혀 무가치한 것으로 치부하고 지냈다. 오직 정신적인 고양만이 의미 있는 삶이라는 강렬한 의식으로 가슴을 불태웠다. 그러다 보니 자연히 외부와 단절이 왔다. 현실적인 입지를 위한 모든 행위가 나와는 무관한 것으로 여겨졌다. 그러나 어찌 이와 같은 삶의 방식이 온전할 수 있으랴. 무시하고 있던 현실의 강력한 도전에 부닥치지 않을 수 없었다.

대학 진학이란 문제가 현안이 되자, 그동안 근근이 버텨 오던 몸으로 질병이 찾아들었다. 도무지 음식을 먹지도 못하고 꾸역꾸역 토하거나 밤새 배앓이를 했다. 피해갈 수 없는 현실을 외면한 대가치고는 너무도 견디기 어려운 시련이었다. 결국, 담당 의사로부터 모든 것을 물리치고 휴양할 것을 권고 받았다. 한쪽으로의 몰입이 가져오는 폐해가 얼마나 큰 것인가를 아프게 깨닫는 계기가 되었다.

어쨌거나 현실에 발을 딛고 살아가면서, 일상적인 삶의 굴레를 지나오기는 하였다. 정신적인 사치라고 생각했던 일들을 더러는 접어가며 속물근성을 발휘하기도 하였다. 그러나 놀랍게도 시간이 흘러가면서, 젊은 시절에 품었던 번뇌의 조각들이 새록새록 상기되며 향수를 느끼게 하는 것이 아닌가. 기억의 저편으로 사라졌을 법한 그 추억들이 모자이크되어 주변을 서성거리기도 한다. 되돌아갈 수 없는 시간이지만, 진정 느낄 맛 있는 가치를 담은 세상일 수도 있다는 그리움이 샘솟듯 솟아나는 데는 달리 저항할 도리가 없는 일이다.

꿈은 꿈만으로 아름답다. 그러나 흐르는 세월 속에 거저 던져 놓았던 그물에는, 간직해야 할 만한 보화가 생각만큼 담겨 있지 않았다. 한쪽이 텅 빈 것 같은 시간 속에서 속절없이 거부하는 몸짓으로 자신을 짓눌렀었다. 어느 날 문득 정신을 차리고 둘러보았으나, 허탈한 시간의 껍데기만 줍고 있었던 자신만을 발견하고 말았다.

다시금 토니오 크뢰거의 목소리가 들리기 시작한다. 그의 모습이 눈앞에 아른거리고 있다. 아아, 잊은 것 같아도 마음속의 불씨가 여전히 살아 있다. 이렇듯 그와 함께했던 추억을 영원토록 버릴 수 없는 것이 내 숙명일런가.

(『문예운동』. 2014. 봄호)

무례와 배려 사이

도시가 커지고 사람이 많아지다 보니, 서로서로 지켜야 할 예의가 무뎌져 간다. 무례를 범하고도 사과는커녕 오히려 적반하장으로 밀어붙인다. 복작대는 출퇴근 때의 만원 버스나 전동차 안에서는 신체적인 위해를 겪게 될까 두려움이 느껴지기도 한다.

타인을 배려하는 모습이란 찾아보기가 쉽지 않다. 표정 없는 얼굴들을 바라보노라면 마치 거대한 조각 박물관에 들어선 느낌이 들어 섬뜩하다. 조각품을 감상하는 기분이 드니 말이다.

출근길에 동네 공원을 지나칠 때면 저절로 눈살이 찌푸려진다. 벤치 위에 멋대로 뒹굴고 있는 술병에다 흉물스런 쓰레기가 곳곳에 쌓여 있다. 담배꽁초가 버스 정류장 주위마다 널브러져 있고, 맨홀 안에도 수북해서 보기가 민망하다. 지하철

입구는 어떠한가. 음료수를 마시고 버린 흔적들이 시위하듯 버티고 있어 아침 길이 혼란스럽기는 마찬가지다. 상식적으로 이해 가지 않는 한심한 작태가 점차 일상화 되어가는 느낌이 든다.

길을 가다가 사람을 밀치고도 아랑곳하지 않으며, 당연히 있어야 할 사과 한 마디조차 듣기가 어렵다. 그러잖아도 힘든 일과 속에서 짜증스러움이 더해간다. 남에 대한 배려가 점차 사라져 간다는 것이 안타깝기만 하다.

문화 선진국인 서구의 나라들은 우리에게 많을 것을 일깨워준다. 다른 이에게 폐해를 끼치지 않으려고 무던히 애쓰며, 이웃이 어려움에 부닥치면 내 일처럼 팔을 걷어붙이고 도와주는 그들의 모습을 우리는 흔히 본다.

"감사합니다!, 실례합니다!, 죄송합니다!, 좋은 날 되세요!"란 말들이 쉼 없이 귓가에 들려온다. 대화할 때도 미소가 가득한 얼굴로 눈길을 마주한다. 사람을 참되게 대하고 상대방을 귀하게 여긴다는 뜻이다.

파리의 유명한 백화점 뿌랑땡에서도 우리의 무례는 예외가 아니었다. 프랑스 부부들은 행여나 다른 사람들에게 방해가 될세라 귀엣말로 속삭이듯 대화를 나눈다. 그런 분위기에서 갑자기, "영자 엄니- "하고 외치는 큰 소리가 들려 화들짝 놀랐다는 누군가의 말을 듣고 쓴웃음을 금치 못했다.

우리나라에서 효도 관광으로 간 시골 아낙이 동료를 찾느라고 다급히 부르는 소리였단다. 낯설기만 한 먼 이국땅에서 홀로 외톨이가 된 당혹감은 충분히 이해가 되지만, 그 광경을 한 번 상상해 보시라.

한국을 잘 안다는 외국인들에게, 이곳에서 생활하며 가장 참기 어려운 것이 무엇이었느냐는 질문에, 사과할 줄도 모르고 거칠기만 한 무례함이라고 답하는 걸 들은 적이 있다. 몸을 밀치거나 발을 밟고서도 그저 아무렇지 않은 듯 제 갈 길만을 가는 이상한 사람들이란 이야기다.

우리끼리야 그런 정도는 바쁜 세상에서 흔히 있을 수 있는 일 아니냐고 강변할는지 모른다. 그러나 예절이라는 본래의 취지에서 본다면 크게 실례를 범한 것임을 부정하기 어렵다.

동남아로 여행을 간 우리의 여행객들이 현지에 물들여 놓은 가당찮은 무례함도 어제오늘의 일이 아니잖은가. 우리가 언제부터 그리 잘 사는 나라였기에 부적절한 팁을 마구 뿌려가며 거들먹거리는가. 외국에 나가서 까지도 그곳 민심을 자극하던 일로 입방아에 올랐던 일들이 얼마나 많이 보도됐던가.

공항 로비에서 신문지를 깔고 앉아 화투판을 벌이는 모습을 그려보시라. 큰소리로 "고-, 스톱-"을 외쳐대서 외국인들이 오도 가도 못한 채 발만 동동 굴렀다는 우스갯소리도 들린다.

독일이 통일되기 전에 나는 동베를린을 여행한 적이 있었다. 국경에서 송아지만 한 군견을 데리고 보초를 서는 소련군은 한눈에도 위압적이었다. 국경을 넘어가려는 많은 차가 줄지어 서 있다. 까다로운 검문으로 꽤 시간이 지체되는데도, 누구 하나 불평을 하거나 질서를 무너뜨리지 않고 조용히 대기하는 모습이 참으로 인상적이었다.

더욱 놀라운 것은 다음의 광경이었다. 차 한 대가 검문 후에 빠져나가면 그만큼 공간이 생기게 된다. 그러면 더운 날씨임에도, 차창을 열어놓고 엔진을 끈 채 기다리던 차에서 탑승자들이 모두 내려서는, 자신들 힘으로 차를 밀어 이동시키는 것이었다. 뒤에 대기하고 있던 차들도 모두 같은 모양으로 나와서 차례로 자신의 차를 민다.

기름을 절약하려는 것도 가상하지만, 매연가스로 주변 사람들을 괴롭히지 않으려는 그들의 배려 의식을 보면서, 우리와 사뭇 다른 면모를 확인했었다. 이런 일이 누가 시킨다고 될 일이겠는가.

돌아올 때 자동차 전용 도로인 아우토반에서 또 다른 광경을 목격하였다. 두 대의 차가 추돌해서 갓길에 정차해 있었다. 그런데 많은 사람은 갈 길을 잠시 중단하고 사후 수습을 위해 분주하게 움직였다.

다친 사람이 없는가를 확인하면서 돌보는 사람, 진행하는 다른 차량이 안전 운행할 수 있도록 삼각대를 설치하거나 깃발을 흔들며 뒤에서 오는 차량에 신호를 보내는 사람 등, 누가 먼저랄 것도 없이 타인의 안전을 도모하고 있었다. 이웃의 어려움을 내 일처럼 생각하며 헌신하는 그들의 모습에 나는 퍽 감동을 하였다.

이 땅에서 지극히 상식적인 일들이 비상식적으로 처리되는 많은 현상에 대해 우리는 분노하기 일쑤이다. 그러면서도 정작 제 일에 대해서는 관대하며, '나 하나쯤이야.' 하는 이중적인 잣대를 가지고 있다. 나만을 생각하는 이기심의 발로로밖에는 달리 해석해 볼 길이 없다.

단순하지만 분명한 사실은, 내가 불편하면 남도 불편할 것이요, 내가 배려하면 그 가치가 똑같이 내게도 발휘된다는 믿음이리라.

선진 문화가 그냥 이루어진 것은 아니다. 또한, 하루아침에 새로워질 수도 없을 것이다. 적어도 그 알량한 이기심에서 자유로워지지 않으면 불가능한 일이다. 공익을 위해 나의 이기심을 자제하고, 타인을 향한 스스럼없는 배려가 생활화될 때만이 가능한 일이다.

그러기 위하여 증발해버린 우리의 예의와 도덕은 어디서부터 다져가야 할까? 언제부턴가 실종되어 버린 우리의 밥상머리 교육에서부터 다시 시작해 가야 하는 것도 하나의 방법이 될 수 있지 않을까.

(『문예운동』. 2015. 겨울호)

다름의 미학

40여 년 세월을 가깝게 지내온 친구들과 모임이 있었다. 서로의 사정과 처지를 알 만큼은 알고 지낼 뿐 아니라, 격정과 고뇌의 청년기를 함께하며 마음을 나누어 온 사이이다. 정담으로 분위기가 무르익어갈 무렵, 무슨 까닭에서인지 현 시국과 지도자에 관한 얘기가 나왔다. 무심결에 나는, 그간의 상황을 짚어가면서 느껴왔던 바를 토로하게 되었다. 합의 과정을 외면하고 일방적으로 밀어붙이는 권위는, 여러 면에서 위험을 가져올 수 있다는 취지의 말을 했다. 그 이야기가 끝나기 무섭게 한 친구가 정색하며 공박을 해댔다. 끝까지 겪어보지도 않고 어떻게 그리 쉽게 판단할 수 있느냐는 것이다.

일순간에 분위기는 썰렁해지고 대화가 표류하는 난감한 상황이 벌어졌다. 그런 와중에도 얼핏 내 머릿속에는, '그래, 자네 고향이 그 인물과 가까운 곳이니 왜 안 그렇겠나?' 하는 생각이 차올랐다. 다분히 내 인식의 틀에 근거한 생각이었다. 다른 친구들이 발 빠르게 끼어들어 화제를 물밑 속으로 밀어두었지만, 누를수록 반작용처럼 튀어 오르는 것을 참아내기란 쉽지 않은 노릇이다. 그동안 전혀 느끼지 못했던 뜻밖의 태도와 반응을 보며, 나는 당혹할 수밖에 없었다.

우리 내면에 숨겨져 있는 사고의 틀은 쉽게 변하지 않는다. 어쩌다 예민한 자극을 받게 되면 여지없이 그물과도 같은 그 틀 속으로 흡입되어, 한순간에 영 다른 모습으로 나타나는 경향이 있다. 평생 살을 맞대고 살아온 부부도 어느 순간에는 전혀 다른 세상 사람처럼 낯설게 느껴질 때가 있지 않던가.

고향 친구들 모임 자리에 가보면, 옛날부터 늘 해오던 이야기가 반복된다. 어지간한 농담이나 까발림은, 그저 우의를 다지는 양념 정도로 즐겁게 느껴질 따름이다. 함께 겪어 온 삶의 과정에 대하여 진한 동질성을 느끼기 때문이리라. 이때만큼은 적어도 각자의 색깔을 찾아보기란 쉽지 않다.

청년 시절에는 대화의 종착역이 거의 군대 경험담으로 귀착된다. 수만 번 되풀이되어 더 짜낼 국물이 없을 법한데도, 질리지 않은 채 꼬리를 문다. 모든 사나이가 과장될 수밖에 없는 군 생활의 추억 속으로 빠져드는 이유는 무엇일까? 생리 현상을 해결하는 시간 이외에는, 철저한 통제와 공동생활 속에서 오랜 시간 길들다 보니, 자아는 거의 상실되기 마련이다. 그렇게 의식이 유보된 속에서 살다가 다시 회복하게 돼도, 이미 그 특별한 체험에 대한 기억이 강렬하게 뇌리에 각인되어 있기 때문일 것이다. 세월이 흘렀어도, 고정된 틀 속에서 지속적으로 이루어져 왔던 고된 학습의 흔적은, 그렇게 하부 의식 속에 깊이 남아 있다는 증거이다.

고향 친구들과의 대화라든지 군 생활의 무용담처럼 동질적인 경험을 함께하면, 서로 다른 감정 표출이나 뾰족한 대립이 거의 없다. 그러나 남자들 세계에서 관심의 대상이 되는 이슈로 단연 정치와 관련된 화제들이 있는데, 그쪽으로 나서면 얘기가 달라진다. 특히 총선이나 대선 같은 정치 행사가 있기 전후에는 피할 수 없는 대화거리이다. 이 부분은 아주 미묘한 신경전까지 가미되기 일쑤다.

특정 정치인에 대한 화제로 돌입하면, 아예 날 선 검처럼 첨예한 대립 양상을 드러내기 십상이다. 언성을 높이기도 하고, 감정이 극단으로 치솟는 이상 전선을 만들기도 한다. 여간해서는 이해와 공존이 이루어지지 않아서, 오랜 친구라 해도 남처럼 느껴지고 심지어는 배신감마저 들게 된다. 그러기에, 가까울수록 가능하면 피해야 할 것이 정치와 종교 이야기라고들 하지 않았을까?

오랫동안 한마음으로 정을 쌓았던 친구라고 해도, 특정 사안에 대해서는 첨예한 인식의 차이가 존재할 수밖에 없다는 것이 새삼스럽다. 자신의 여건과 환경에 따라 내면에 잠재해 있던 무의식의 세계는, 상황에 따라 화산 폭발하듯이 터져 나오는 경향을 보인다.

우리는 태어날 때부터 얻게 되는 생체 틀을 가지고 성장, 체험하면서, 강화된 무의식의 다리를 통해 나름의 판단을 하게 된다. 인간 의식의 대부분은 내면 깊숙이 자리 잡은 무의식의 영역이다. 의식의 세계는 고작 10% 미만에 지나지 않는다고 한다. 결국, 우리는 대부분을 차지하는 무의식 세계에 대해서는 무지한 상태라는 말이다. 극히 부분적인 의식 세계를 통하여 서로를 바라보고 있다. 저마다 살아온 환경이 다르고, 겪어온 인생 역정 또한 다양하다. 오랜 시간 굳어져 버린 자신만의 틀을 통해서 세상을 해석하고 비판도 하는 것이니, 그 깊디깊은 마음의 바다를 어찌 항해해야 할까?

때때로 자신조차 인식하지 못하는 행동을 하는 것도 사실은 무의식의 부름을 받은 것으로, 미처 깨닫지 못한 나의 분신이며 침잠해 있는 또 다른 자신의 모습이다.

이러할진대, 상대방을 깊이 이해한다는 것은 얼마나 어렵고도 불가능에 가까운 일이겠는가. 빙산의 일각이란 말처럼, 잠재해 있는 거대한 비밀은 젖혀둔 채 눈앞의 현상만 보고 전부인 양 여기고 있다는 얘기다. 그런데도 생각을 달리하는 친구들에 대해 섭섭함과 야속한 감정이 여전한 걸 보면, 내 인생 공부는 오늘도 제자리인 셈이다.

삶이라는 무대에서 내 방식대로 생각하고 바라보며 이해한다는 것은, 상대방과의 불화나 갈등을 필연적으로 예고하고 있는 것이라 해도 지나침이 없어 보인다. 그래서인지 성현들의 말씀에는 빠짐없이 겸손을 최고의 덕목으로 보는 것이 아닌가 싶다.

상대방을 깊이 이해하려는 노력도 없이 눈에 보이는 대로 함부로 질책하고 단죄하는 것은, 거의 죄악에 가까운 잘못이 될 수 있다는 생각을 해 본다. 그동안 나의 죄과가 만만치 않았음을 깨닫게 되고 슬그머니 부끄러워진다.

사고 방식이 서로 다름에 오히려 감사하고 수용하며 공존할 수 있다면, 그 길이 가장 아름답고 조화로운 삶의 방식이 될 수 있다는 것에 십분 동의한다. 그러나 오늘도 나는 여전히 자신만의 안경을 쓴 채로 세상을 바라보고 판단할 뿐만 아니라, 때로는 미워하고 꺼리는 감정의 굴곡 속에서 살아간다. 안다는 것과 앎을 행하는 것은 이렇게 별개의 현상인가 보다.

(『이음새 문학』. 2010.)

눈길 전쟁

지하철 전동차 안에서 어쩌다 자리를 잡으면, 시선을 둘 데가 마땅치 않아 눈이 방황할 때가 있다. 서 있는 사람들이 있어 건너쪽 자리가 가려질 때는 그래도 좀 나은 편이다. 그러나 반대쪽에 사람들이 그대로 보이는 경우, 눈길을 함부로 하기 어려워 내심 불편해진다. 건너편 좌석이 비어 있어도 방심은 금물이다. 이번에는 차창으로 반사되는 옆 사람들의 모습이 바로 눈에 들어오기 때문이다.

요즘은 너나없이, 앉으나 서나 스마트폰을 두드리거나 동영상을 즐긴다. 귀를 막고는 밖으로 소리가 돌출할 만큼 큰 소리로 음악도 듣는다. 고개를 틀어박고 이 세상과는 무관한 외계인처럼 보이니 그런 걱정은 없을 것이다. 그러나 중년을 넘어선 세대에는 그도 쉽지 않아 동공이 배회할 수밖에 없다. 가끔 신문이나 책을 보는 사람도 있기는 하다. 그러나 흔들리는 차 안에서 그리하기에는 한계가 있게 마련이다.

눈길을 돌리다 상대방과 얼핏 마주치면 얼른 외면하게 되고, 그 대상이 이성이라면 한층 거북스러움이 더해진다.

한번은 기막힌 장면을 목격했다. 눈을 감고 있다가 잠깐 졸았었나 보다. 문득 눈을 떠보니 세상에, 두 개의 배꼽이 바로 눈앞에서 춤을 추고 있는 게 아닌가. 이게 무슨 '황당한 시추에이션'이란 말인가? 깜빡 조는 사이에 두 젊은 여인이 내 앞으로 왔었나 보다. 배꼽티가 한참 유행하던 시점이었으니 어찌하랴.

서양 사람들처럼 스킨십이 일상적이고 대화를 나누는 동안 깊게 상대방과 눈을 맞추는 사회라면, 가볍게 웃어주거나 간단히 인사말을 던져도 아무런 흉허물이 될 수 없다. 오히려 그것이 당연하게 여겨지는 사회이니. 그러나 우리의 상황은 달라도 한참 다르지 않은가. 자칫 치한으로 몰릴지도 모른다.

서로들 상대방 시선을 피하는 유희를 하다 보면 피곤함마저 몰려온다. 최종적인 선택은 두 눈을 감는 것이다. 그러자 이번에는 모든 것이 내 안의 시끄러움으로 바뀐다. 서서히 생각의 늪에 젖어 들면 갖가지 사연들이 얽히고 꿈틀거린다.

눈길 전쟁에서 살아남고자 했던 의지는, 머릿속 거미줄에 포획 당한 채 아우성이다. 이렇게 세상사에 갇혀 버리는 일도 간단치 않은 일이다. 그 결과로, 내려야 할 곳을 놓치고 나서 되돌아올 수밖에 없는 낭패를 보기도 하니 말이다.

외국의 전동차는 앞뒤로 배치된 경우가 많아, 쓸데없는 눈길 전쟁에서 자유로울 수 있다. 시선의 방해 없이 자기 일만을 도모할 수도 있다. 그런 점까지 배려하지 못하는 우리의 현실이 안타깝기만 하다. 우리에게 눈길이 자유로울 날은 언제쯤 다시 올 수 있을까.

(한국수필작가회 연간집. 2012.)

소의 거시기로 시간을 안다?

장마 같지도 않게 짧은 비만 몇 차례 지나더니, 이내 숨이 차는 마른 장마철 무더위가 찾아들었다. 거리에 나서면 한낮의 태양이 여지없이 온몸을 불가마 속으로 밀어 넣는다. 이런 날에는 집 안에서 기본적인(?) 옷가지만 걸치고 이리저리 뭉개며 선풍기 바람을 쐬거나, 냉방기라도 틀면서 지내면 좋을 듯한데 그럴만한 여건이 못 되니 아쉽기만 하다. 선풍기 바람을 오랫동안 맞으면 목소리가 흔들리고 코맹맹이 소리가 나니 말이다. 냉방기를 켜 봐도 이 또한 오래지 않아 머리가 딱딱 아프고 속이 더부룩하여, 이래저래 한여름의 더위는 내게 큰 고역이 아닐 수 없다.

흔히 더운 지역 사람들이 대체로 게으르다는 얘기를 듣는다. 어떤 나라는, 한낮 2시간 동안 관공서나 상점들이 아예 문을 닫고 모두 낮잠을 즐기기도 한다. 언젠가 들은 바 있는 에피소드를 생각해 보며 잠시 더위를 식혀볼까 한다.

어느 대학에 재직하는 모 교수가, 멕시코에 유학하던 중 체험했다는 이야기를 생각할 때마다 나는 절로 미소를 짓곤 한다.

어느 날, 공부하면서 해결되지 않는 문제 때문에 머리가 온통 거미줄 같던 그는, 더위를 무릅쓰고 산책길에 나섰다. 작열하는 멕시코의 태양 아래 사람 그림자가 거의 눈에 띄지 않았다. 한참을 골똘히 생각에 빠져 걷다 보니, 풀밭 위에 한 남자가 큰 밀짚모자로 얼굴을 가리고 다리를 꼰 채 누워있는 것이 보였다. 매여 있는 소가 만들어 놓은 그늘에 의지하여, 한낮 더위를 피하던 중이었다.

반가운 마음에 말을 걸 요량으로 시간을 물어보았다나. 그런데 그는 그 자세 그대로 손바닥을 펼치더니, 가까이에 축 늘어져 있던 소의 거시기를 슬슬 만지더란 것이었다. 그리고는 "ㅁ시 ×분입니다." 라고 알려주더란다. 물론 손목에는 시계가 보이지 않았다. 감사를 표하고 가던 길을 계속 가면서도, 도무지 신기한 마음이 떠나질 않았단다. 어찌 소의 거시기를 슬슬 만지는 것으로 시간을 알 수 있단 말인가?

산책을 마치고 돌아오는 길에, 여전히 그 모습으로 누워 있는 그 사람을 또 만나게 되었다. 일면 호기심이 발동하여 다시 한 번 시간을 물어보았다. 이번에도 역시 예의 그 방식대로 손바닥을 가져다 문지르더니, "ㅁ시 ×분입니다." 라고 대답해주는 것이 아닌가.

너무도 신통방통한 나머지 "아니, 어떻게 그것으로 시간을 알 수 있는 것입니까?" 라고 물어보았단다. 그러자 그 남자는 제 손가락을 까딱까딱

하며 자신의 옆으로 오라고 부르더라나. 시키는 대로 다가가자 자신의 옆에 누워보라고 손짓을 하더란다. 그 남자 옆으로 눕자, 그는 다시 손바닥을 펼쳐 소의 물건을 슬쩍 들어 올렸다.

원, 세상에 이런 기막힌 일이 있나! 그가 추어올리자, 저 멀리 그것에 가려있던 건너편 시계탑이 또렷이 눈에 들어오더란다. 아, 아! 그 놀라운 비밀의 열쇠는 바로 이것이었다!

(한국수필작가회 연간집. 2014.)

| 김학구의 작품세계 |

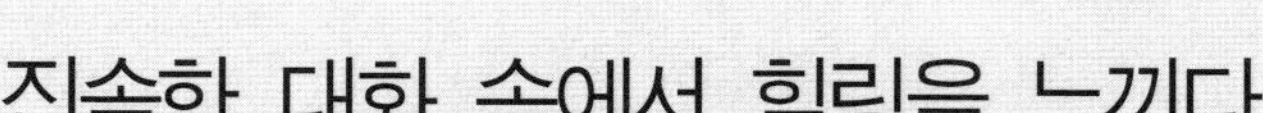

진솔한 대화 속에서 힐링을 느끼다

- 김학구 사백의 첫 수상집을 읽으면서

이 명 재
(문학평론가· 중앙대 명예교수)

문학을 통한 서로의 만남

금년 한여름의 유난스런 무더위와 장마철을 필자는 즐겁고 유익하게 보냈다. 이번에 상재하는 김학구 사백의 첫 수상집에 수록할 작품들을 읽은 덕분이었다. 밤새워 흉금을 터놓고 정담하듯 진솔한데다가, 지성과 감성을 아우른 문장에, 속내를 들여다보는 흥미마저 쏠쏠한 맛이 더해져 마음이 후련해지는 느낌이었다. 마침 얼마 전에 스칸디나비아반도 문화 탐방에서 묻혀온 심신의 여독을 말끔히 씻어낸 기분이었다고 할까.

동문·선후배 간인 데다 같은 문학 동인의 동료인 관계로, 이런 보람을 누린 건 여러모로 의미가 있다고 생각한다. 더구나 불가의 『법망경』에 의하면, 길을 걷다가 서로 어깨를 스침만도 5백 겁만의 인연이라니, 우리는 실로 몇천 겁의 선근 인연善根因緣이 아닐 수 없다.

새삼스럽지만 인생은 만남과 관계의 역사라고 동서양 선현들이 말한 바 있다. 이전의 한스 카로사나 맹자의 말씀 역시 요즘 우리 견해와 크게 다르지 않다. 뷔퐁이 설파했듯이, 글(문장 스타일)은 곧 그 사람의 개성을 드러내게 마련이다. 따라서 우리는 이 수상집을 감상하기 위해서는 지은이가 지닌 다소의 프로필을 참고함도 좋겠다.

청주 태생으로서, 청소년기부터 문학에 탐닉해서 시 창작을 꿈꾸며 남몰래 내공을 쌓아오던 김학구金學九. 그는 이름에 담긴 이미지처럼 독문학을 전공하고 박사 학위를 취득하였으며, 교편생활을 하다가 동료의 권유에 떠밀려서 늦깎이로 『한국수필』을 통해 문단에 오르고, 이제 교단을 벗어난 다음 이 작품집을 펴내고 있다. 따라서 이미 이순耳順의 산마루를 넘은 지은이로서는 이 수상집이 자신의 통합 성찰서인 동시에, 여러분께 대한 통과의례적인 이바지이기도 하다.

수상집 『돌아가는 길』은 흩어진 구슬을 꿰어서 보석을 만들 듯 알차게 다듬어진 45편의 수필들로 이루어져 있다. 대부분이 그동안 지내온 삶 속에서 겪고 느끼며 생각한 바를 진솔하고 친근감 짙게 적어낸 작품들이다. 역시 수필은 속성 그대로 자기의 기록(퍼스널 노트)인 만큼, 삶의 자취와 더불어 개성적 내음이 속속들이 배어 있다.

1장에서는 타고난 감수성에다 병약하고 성장통을 겪던 청소년기의 꿈이나 이후의 회한 섞인 사연들을 드러낸다.

2장에는 성장기의 어두운 긴 터널을 지내오면서, 인생 고비나 계절의 산마루 길에서 마주했던 고뇌와 사색을 통해 삶을 깊숙이 통찰하고 있다.

이어서 3장에는 이순의 고개를 훌쩍 타고 넘는 세월 속에서, 감성의 여울 따라 우리의 삶을 향기롭게 호흡할 수 있는 공감들을 담아낸다.

마지막 4장은 각박한 사회에서 올곧게 살아온 선비로서, 적지 않은 주변의 음습한 비행이나 가식에 대해 가차없이 지적하는 참여의식을 드러낸 글들로 묶어내고 있다.

김학구 문학의 원형질

모처럼 단행본으로 문단에 선보이는 김학구의 문학 성향에 대해서도 언급해 본다. 이번 수상집 『돌아가는 길』을 통독하면서, 독자의 한 사람으로서 느끼고 발견한 김학구의 다양하고 두드러진 미학적 원형질은 다음 몇 가지로 간추려 볼 수 있다. 독자 여러분과 더불어 작가 자신에게도 두루 참고가 되었으면 한다.

김학구 수필 문학은 우선, 예민하게 타고난 감성을 차원 높은 지성과 폭넓게 조화시킨 에세이란 점이다. 창작 문학에서 가장 기본적인 문장에서부터 그의 서정적 묘사는 눈길을 끈다.

> "소슬바람이 분다. 열기로 가득하던 한여름이 긴 호흡을 하던 입김을 멈추자, 언제 그랬냐는 듯 서늘한 기운이 가슴팍으로 숨어든다. …(중략) 가을이다. 가을 내음이 천지에 진동하고 조락의 노랫소리가 귓가에 울린다."
>
> -「가을 일기」에서

또한 필요한 대목마다 리얼한 묘파가 읽기의 맛을 돋운다. 대학원 과정 중에 선을 보라는 숱한 권유에도 귀를 닫고 살면서, 이웃에 사는 아주머니에게서 듣고 놀라는 부분이다.

"내가 우리 아들 건사하는 게 이제는 너무 힘이 드네. 도시 몸이 말을 안 들어. 지 각시라도 있으면 좋으련만…….' 어머니가 이렇게 말씀하시더란 것이었다. 갑자기 머릿속으로 우박이 한바탕 우당탕 쏟아져 내렸다. 누구든 나 때문에 힘들어한다는 것은 참아내기 어려운 일이다. 저녁노을 속에 검붉은 태양이 가슴팍으로 쿵 내려앉았다."

-「아내의 눈물」에서

그뿐만 아니라 그의 글에서는 동서양의 문학 작품들을 비롯하여 음악, 심리학, 철학 등을 익숙하고 다채롭게 활용하고 있다. 표제작인「돌아가는 길」에서도 중고교 시절부터 병치레 중에 음악에 심취한 채 시를 써보며, 많은 독서와 함께 전혜린의 산문도 읽었음을 드러낸다.「가을 일기」 에서는, 유난히 가을을 타던 소년이『아미엘의 일기』를 읽거나 괴테, 릴케, 하이네, 랭보에 탐닉했다며, 윤동주의 시「내 인생에 가을이 오면」에 자신의 정감을 실어 펼쳐내고 있다.

"내 인생에 겨울이 오면, 그 사연들이 모여 한 폭의 그림이 되고 한 편의 시가 되도록 준비하자. 내 삶의 마지막은 그런대로 아름다웠노라고, 인생의 열매들은 크지 않았어도, 풍성했노라고 노래할 수 있는 곁 고운 꿈을 위하여, 이제는 하나씩 옹골지게 매듭을 지어가도록 하자."

음악의 경우, 사람의 기질은 유전적인 요인이 60%며, 환경적 요인이 20%라서 이성적으로 통제 가능한 부분은 20%에 불과할 뿐이라는「가을 나그네」에서, 모차르트의 '아이네 클라이네 나흐트 뮤직'을 묘사한 정도는 기본이다. 새롭게 편지글 형식을 곁들인「선생님 선생님, 나의 선생님」에서는, 고교 시절에 자신이 지닌 모차르트나 차이콥스키를 비롯하여 여러 작곡가의 음반을 선생님께 녹음해 주는 내용이 나온다. 또한 「영랑호를 떠나며」에서도 생텍쥐페리가 지은 『인간의 대지』, 『야간 비행』을 언급하며, 철학자이자 문학가인 니체의 "오, 고독이여! 그대, 내 고향인 고독이여!"라는 외침을 통해서 독자들에게 환기한다.

이어서 김 사백의 수필 문학은, 남달리 어둡고 짙은 사색적인 요소가 내면의 통로를 지나면서 더 밝음으로 지향하는 미학이란 점이다. 이런 성향은, 본디 내성적인 성격에다 사춘기에 잦은 병치레를 겪으면서 느낀 트라우마 같은 강박관념의 영향인지 모른다. 그것은 독서, 사색과 함께 우수 어린 번민이나 고독감 등으로 나타나는데, 이것이 문예적으로는 창작 예술의 밀도감을 심화시키는 요인이 되기도 한다.

그런 흔적은, 졸업할 학생들의 앨범에 올릴 자신의 찌푸려진 사진을 보고 꿈 많던 한창 시절의 우아하고 밝은 모습과 너무나 다른 탓에 회한에 젖는 「돌아가는 길」만이 아니다. 장염에 걸려 수척해 있을 때, 거울 속에서 자신을 지켜보는 아버지의 얼굴과 마주한 「이어달리기」나, 어린 시절 가정폭력에 시달린 나머지 장성한 후에는 죽음으로 가족에게 항거한 끔찍한 충격을 그린 「친구의 슬픈 노래」 등에서도 보인다.

이렇게 그의 작품 내면에 배어 있는 어둠의 이미지는 궁극적으로 부정보다는 긍정 쪽으로 감성적인 향일성의 촉수를 뻗치게 마련이다. 어두움은 상대적인 명암 효과로 인해서 보다 밝은 이미지를 살리는 것이다. 그러기에 그 가운데 온갖 모순이나 대립을 융화시키며 새로운 생명을 탄생시키는 「내 마음의 강」은 싱그러운 상징성을 띤다.

그뿐만 아니라 「고뇌 속에 피는 꽃」에서 보인 창작에 따르는 고통이나 메마른 도심을 몽마르뜨 공원 같은 '마음의 위로와 쉼이 있는 곳'으로 순화하는 「꽃밭 엄마」, 일상의 긴장을 유머로 푸는 「거시기로 시간을 안다?」 등에서는 보다 밝음을 지향한다.

이밖에, 서간체 형식의 「영원한 당신」에서는 모호한 당신의 정체가 달이나 태양이 아니라 객관적 상관물인 하늘로써 더 열린 공간으로 빛나 보인다. 특히 성격 차이로 빚어지는 자잘한 사랑싸움에도 도혼식陶婚式기념 반지를 받고 감격하는 「아내의 눈물」은 어둠에서 밝음으로의 반전이 돋보인다. 머지않아 다가올 은혼식 기념 선물은 어떻게 전개될지 미리부터 관심이 끌린다. 오히려 대조되는 부부 성격으로써 명암의 융합과 조화로 더 바람직한 가치 창조를 이룩할 가정의 발전과 화평을 기대한다.

끝으로 김학구의 수필 문학은 작가 자신이나 독자들이 내밀한 대화를 통해서 마음의 응어리를 푸는 치유(힐링) 작용을 할 수 있다는 점이다. 작가는 이번 작품집을 발표하는 가운데 나름의 카다르시스적인 희열을 느꼈을 터이고, 독자들 역시 글을 읽음으로써 작가와 동병상련적인 어릴 적의 아픔을 달래고 기쁨과 교훈을 더하게 될 것이다.

필자 역시 이번 작품집을 통독하면서 작품 성향과 더불어 작가에 관한 정보를 흥미롭게 접하고 이해의 폭을 넓힐 수 있었다. 그러기에 그리스의 아리스토텔레스가 『시학』에서 문학이나 예술의 기능으로 제시했던, 기쁨(쾌락)과 가르침(교시)에다 새로이 치유(힐링)의 항목을 추가할 일이다.

이렇게 진솔한 글쓰기를 통해서 작가와 독자들 사이에 상호 소통은 물론, 서로의 마음속에 얽히고설킨 실타래를 풀고 가슴의 상처를 어루만져서 아물게 하는 내밀한 효과는 김학구 사백의 경우에 더욱 주목된다. 역시 감수성 예민한 사춘기에 남달리 황폐한 심신의 아픔을 겪은 작가에게는 작지 않은 응어리였기 때문이다.

「영랑호를 떠나며」에서처럼 심신이 피폐했던 청소년기의 번민, 우수와 고독이란 어두운 내면의 동굴에서 벗어나 밝은 세상에 임한 모습이 대견하다. 어릴 적의 고독과 쇠약했던 고비를 이겨내고 이제 당당한 건강과 외모로 거듭난 신사로서, 이전의 값진 체험들을 보다 특유한 창작의 자산으로 유익하게 활용하리라 믿는다.

첫 출간을 축하하며, 우리 함께

늦깎이로 문단에 발을 디뎠음에도, 이 소슬한 결실의 계절에 주옥같은 작품들을 골라서 첫 수상집 『돌아가는 길』을 펴내는 김학구 사백에게 진심으로 축하를 보낸다. 쉼 없이 순환하는 계절이나 생로병사의 나그넷길을, 굽이굽이 걷고 달려서 귀향하는 인생 역시 돌아가는 과정이니, 책의 표제부터 의미가 깊다.

독자 여러분께서도 동서양의 고전과 경륜을 아울러서 베푼 이 조촐한 문학의 향연에 함께하여, 기쁨과 정보를 공유하며 켕겨진 마음을 풀어보는 기회를 누리시길 바란다. 그리고 김 사백께서는 앞으로 더 알뜰하고 영근 수필에다 향기 그윽한 시 작품들도 빚어내서, 운문과 산문을 상보적으로 다루는 문인으로 대성하길 바란다.

하늘 높은 한반도는 바야흐로 핵 문제로 야기된 더위를 식히며 독서와 결실, 사색의 계절로 깊어가고 있다. 스스로 가을 나그네라고 일컫듯, 유독 작가가 좋아하는 가을철에 이 책을 내는 일도 우연만은 아닐 것 같다. 주말쯤엔 어디서 제철 포도나 차라도 들면서 이 작품집 읽는 시간을 가져보면 좋겠다.

돌아가는 길

2017년 9월 20일 초판 인쇄
2017년 9월 25일 초판 발행

지은이 / 김학구
발행인 / 강석호

발행처 / 도서출판 교음사
편 집 / 隨筆文學社 出版部

03147 ·서울 종로구 삼일대로 457 수운회관 1308호
Tel (02) 737-7081, 739-7879(Fax)
e-mail : gyoeum@daum.net

등록 / 제300-2007-52호

* 잘못된 책은 교환해 드립니다. 값 12,000원

ISBN 978-89-7814-714-9 03810

이 도서의 국립중앙도서관 출판예정도서목록(CIP)은 서지정보유통지원시스템 홈페이지(http://seoji.nl.go.kr)와 국가자료공동목록시스템(http://www.nl.go.kr/kolisnet)에서 이용하실 수 있습니다.(CIP제어번호 : CIP2017024943)